도서관을 만드는 아름다운 기업들

노영희
홍현진

도서출판
청람

머리말

도서관은 '학문과 지혜의 보고'로서 인간의 지식과 지혜를 후세에 전달하는 인류문화역사 발전의 핵심기관이다. 초기 도서관은 왕실의 문서보존서로 출발했고, 중세 유럽에서는 수도원이 고대의 지식을 모으는 도서관 역할을 했으며, 한국이나 중국에서는 왕실, 관청, 학교, 사찰, 서원, 신사 등이 도서관 역할을 했다.

최초의 도서관은 BC 2300년경 에블라 왕궁도서관, 우르 남무 왕궁도서관, 함무라비 왕립도서관(BC 1700) 등 서양 문명의 발상지인 메소포타미아 지방에서 찾아볼 수 있다. 학문 연구센터로서 오늘날 도서관의 모델은 기원전 3세기에 건설된 이집트의 알렉산드리아도서관을 들 수 있다. 중국의 경우에는 BC 1100년경 주(周)나라에 맹부(盟府), 고부(故府)라 불리는 도서를 모아둔 곳이 이미 있었다. 도가의 창시자인 노자(老子)가 BC 6세기 주나라에서 책을 모아둔 장서실(藏書室)을 관리하던 사람(오늘날의 도서관 사서)이라는 이야기가 전할 정도로, 중국의 경우에도 오랜 도서관의 역사를 갖고 있다. 이러한 고대 도서관에서는 점토판, 파피루스, 죽간, 목간 등에 기록한 문서를 보관했다.

오늘날 도서관은 지역사회의 지적요구에 부응하고 정보제공, 문화향유, 평생교육 제공 등의 역할을 하는 사회적 기반 시설로서 그 중요성과 역할은 높이 평가할 만하다. 도서관은 단지 정보를 소비하는 곳이 아니라 도서관의 지식과 정보를 활용하여 지식정보는 물론 재화의 재생산, 창작 및 발명아이디어를 제공하는 서비스 중심기관이다. 그 중요성을 인식하여 대통령 소속 도서관정보정책위원회를 설치하고 5년마다 도서관종합발전계획을 수립한 뒤 그 성과를 평가하며 도서관 활성화 정책을 펼치고 있다.

그러나 최근에 도서관들은 국가 및 지방자치단체의 한정된 재원으로 다양화고급화된 도서관 이용자의 요구 및 새로이 부여받은 도서관의 역할 수행에 어려움을 겪고 있다. 이에 도서관 재원확보 및 우리 사회의 도서관에 대한 인식개선과 도서관 활동 참여를 위한 방법의 하나로 깊이 있게 논의되고 있는 것이 도서관에의 기부활성화 방안이다.

본 서에서는 도서관 핵심 인프라 확충과 운영의 내실화를 위해, 그리고 지역주민의 지적 욕구충족, 도서관을 통한 문화활동 등의 측면에서 도서관에 기부활동을 하고 있는 기업들을 발굴하고 이들의 성과를 알리고자 하였다. 이를 위해 기부 및 후원기업에 대한 소개, 기부한 도서관, 기부내용, 기부효과 등을 조사하여 제시하고자 하였다. 총 20여 개의 기업 및 단체가 조사되었으며, 협력기관으로 참여한 단체, 개인기부자 등이 함께 하고 있다는 것을 알 수 있다. 본 서의 출판으로 앞으로 보다 많은 기업과 개인이 도서관을 만들어 가고 도서관의 활성화를 통해 국가적인 경쟁력과 사회적 인프라 개선에 기여할 수 있기를 바란다.

끝으로 이 책을 출판하기까지 정보자료 수집 및 원고 교정 등에 정성과 노고를 아끼지 않은 건국대학교 지식콘텐츠연구소 임지현 연구원과 윤다영 연구원에게 깊은 감사를 드린다.

2014년 5월

노 영 희

차례

Chapter 1 도서관과 기부문화

Chapter 2 아름다운 기업들

Chapter 3

캠페인: 고맙습니다 작은도서관

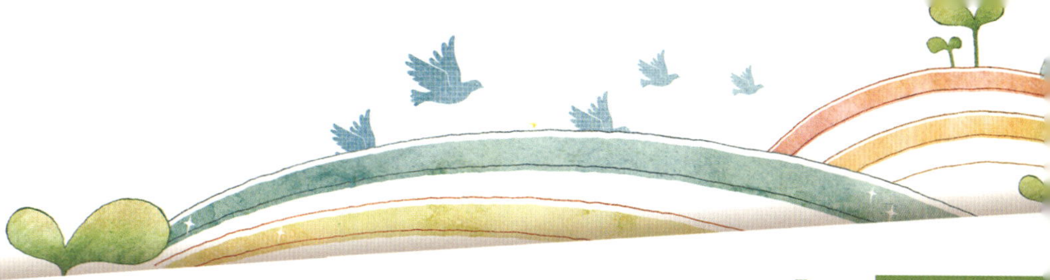

Chapter 1

도서관과 기부문화

1 도서관과 기부문화

도서관은 지역사회의 지적요구에 부응하고 정보제공, 문화향유, 평생교육 제공 등의 역할을 하는 사회적 기반 시설로서 그 중요성과 역할은 높이 평가할 만하다. 도서관은 단지 정보를 소비하는 곳이 아니라 도서관의 지식과 정보를 활용하여 지식정보는 물론 재화의 재생산, 창작 및 발명아이디어를 제공하는 서비스 중심기관이다. 그 중요성을 인식하여 대통령 소속 도서관정보정책위원회를 설치하고 5년마다 도서관종합발전계획을 수립한 뒤 그 성과를 평가하며 도서관 활성화 정책을 펼치고 있다.

그럼에도 불구하고 국가 및 지방자치단체의 한정된 재원으로 다양화·고급화된 도서관 이용자의 요구 및 새로이 부여받은 도서관의 역할 수행에 어려움을 겪고 있는 것이 사실이다. 2012년 기준 공공도서관 1관당 예산 평균은 8억 원 수준으로 매우 열악하다(국가도서관통계).

이에 도서관 재원확보 및 우리 사회의 도서관에 대한 인식개선과 도서관 활동 참여를 위한 방법의 하나로 깊이 있게 논의되고 있는 것이 도서관에의 기부활성화 방안이다. 이를 위해서는 법·제도적 노력과 사회적 인식개선이 요구된다고 할 수 있다.

법적인 노력으로서 2011년 개정된 도서관법에서는 도서관의 설립·시설·운영 기타 도서관 진흥에 소요되는 자금을 충당하기 위한 도서관진흥기금을 정부의 출연금 재원으로 조성하도록 하였다. 법인·단체 또는 개인으로부터의 기부금 등도 그 재원으로 할 수 있도록 하고 그러한 기부금에 대하여는 조세감면규제법에 의한 소득계산의 특례를 적용하도록 하며, 그 운용·관리 사무를 당해 시·도 교육위원회에 위임하여 기부용도로 사용하도록 하였다. 국가 및 지방자치단체 소관 도서관이 기부금품 접수 시, 기부심사위원회의 심의 없이 접수할 수 있도록 2011년에 「도서관법」 제9조 제2항[1]을 신설하는

1 「도서관법」 제9조 제2항: 국가 또는 지방자치단체가 설립한 도서관은 제1항에 따른 기부가 있을 때에는「기부금품의 모집 및 사용에 관한 법률」에도 불구하고 이를 접수할 수 있다.

노력도 하였다.

그리고 도서관에 대한 기부 및 후원사례도 상당히 발견할 수 있는데, 신한카드, LG화학, 네이버문화재단, 캠코 등을 포함하여 본 서에서 조사된 기업만 해도 20개가 넘는다. 그럼에도 불구하고 아직도 도서관에의 기부는 매우 소극적으로 이루어지고 있는데, 이는 우리 사회의 도서관 기부활동에 대한 인식 부족이 원인이라고 할 수 있다. 즉 도서관 기부활성화 장애요인으로 '도서관에 대한 기부'라는 사회적 인식과 도서관 관계자 등의 인식 미비, 법·제도적 규정 미비, 도서관 내부에서의 기부에 대한 인식 부족, 기부활동에 대한 인센티브 부족 등이 지적되고 있다(이용훈 2010).

이에 2013년에 수립된 제2차 도서관발전종합계획(2014~2018)에서는 도서관 핵심 인프라 확충과 운영의 내실화라는 계획 아래 도서관 투자 재원의 다각화 및 확충방안의 하나로 기부·후원 활성화를 통한 민간자원의 확보 추진 전략을 세웠다. 그 내용으로 도서관 기부·후원을 위한 통합플랫폼 구축, 도서관 기부·후원에 대한 교육 및 홍보, 기부자 및 기부 유치 도서관에 대한 혜택 제공 등 세 가지를 제시하고 있다.

첫째, 도서관 기부·후원을 위한 통합플랫폼 구축은 도서관 기부·후원을 위한 통합플랫폼을 구축하여 기부·후원에 대한 접근성과 편리성을 제고하고 전국 도서관의 개괄적인 정보와 운영현황에 대한 정보를 제공하여 기업 또는 개인의 기부·후원이 원활히 이루어질 수 있도록 하기 위한 것이다. 현물 및 현금후원뿐 아니라 자원봉사 및 재능기부의 매칭도 함께 이루어질 수 있도록 하며, 소액에서 다액까지 다양한 규모와 방식의 기부·후원이 이루어질 수 있도록 설계하는 것이 목적이다.

둘째, 도서관 기부·후원에 대한 교육 및 홍보를 위해 도서관 기부·후원과 관련한 도서관 직원을 교육시키고, 시민을 대상으로 도서관 기부·후원을 홍보한다는 것이다.

셋째, 기부자 및 기부유치 도서관에 대한 혜택을 제공한다는 방안이다. 즉 개인 및 기업의 도서관에 대한 기부·후원에 대한 세제 상 혜택 제공, 도서관 건물이나 시설, 또는 프로그램에 기부자 및 기부단체의 이름 사용, 기부를 유치한 도서관에 대해 정부나 지방자치단체가 그에 응하는 추가적인 재정 지원, 기부 관련 유공자 포상이 그 주요 내용이다.

도서관 예산의 한계로 장서와 서비스의 질이 떨어지는 것을 방지하고 도서관의 본래의 목적을 달성하기 위해서는 국가지원이 최대한으로 이루어져야 하겠지만 정책지원에는 한계가 있으며, 따라서 사회적 기반 시설이자 비영리기관인 도서관에 대한 기부문화를 조성함으로써 국가적인 경쟁력과 사회적 인프라 개선이 이루어질 수 있도록 해야 할 것이다.

다행히 최근에는 기업들이 문화예술활동 지원을 통한 기업이윤의 사회환원이라는 메세나운동을 매우 적극적으로 추진하고 있기 때문에 문화영역에 속하는 도서관은 이를 잘 활용할 필요가 있다고 본다.

2 기부유형과 기부자

기부유형은 기준에 따라 다양하게 분류될 수 있다. 기부는 기부자의 참여형태에 따라서 물질적 기부와 시간적 기부로 나눌 수 있다. 물질적 기부는 금전이나 물품을 기부하거나 기증하는 금전적 기부이며, 시간적 기부는 서비스를 제공하여 인력비용을 줄일 수 있도록 하는 자원봉사형태의 기부이다. 도서관의 입장에서 볼 때 자원봉사형태 기부는 도서관의 예산절감, 도서관업무에 대한 이해, 도서관에 대한 홍보에 도움이 될 수 있으며, 봉사자 자신에게는 능력개발과 자아실현의 계기가 될 수 있다.

민간인이 참여하는 민간기부는 크게 개인기부와 기업기부로 구분된다. 개인기부는 기부자 개인의 자유로운 의사결정에 의해 이루어지고, 기업기부는 경영자와 주주 간의 이해관계에 따라 이루어진다(손원익 2010).

민간기부금액은 꾸준히 증가하고 있는 것을 알 수 있는데, 1999년 2.9조 원이던 것이 2001년에는 4.67조 원, 그리고 2005년에는 7.13조 원으로 매년 늘어나고 있다. 또한 개인기부의 비중이 점점 높아져 2000년 이전에는 기업기부가 70% 이상을 차지하고 있었으나 2001년에는 개인기부 대 기업기부의 비율이 거의 동일한 수준에 이르렀으며(50.1 : 49.5), 2005년에는 60.9% : 39.1%로 개인기부가 확대·정착되어 가고 있는 것으로 나타났다(손원익 2010).

3 도서관 기부활성화 방안

도서관에 대한 기부활성화를 위해서는 홍보, 시민의식 개선, 세제혜택 확대 등 다양한 노력이 요구된다고 할 수 있다. 뉴욕공공도서관의 재정확보방안은 ① 특화된 사업개발부 운영, ② 기부를 위한 강좌개설, ③ 인적네트워크 유지, ④ 다양한 스폰서 형성, ⑤ 이벤트 개설, ⑥ 기부대상의 확대 등이라고 소개되고 있다(김효숙 2004). 김효숙은 도서관 기부활성화 방안으로 ① 공공도서관의 이미지를 바꾸기, ② 지역의 여러 단체들과 네트워크를 만들기, ③ 전문가를 육성하기 등의 방법론을 제시하고 있다. 오동근과 김인식(2003)은 ① 기부단체의 지속적 관리, ② 기부의 근거제시, ③ 사회기관과의 연계 및 전담부서 설치, ④ 기부를 받을 수 있는 다양한 방법모색, ⑤ 일반 자원봉사자 수 확대 및 이들에 대한 적절한 피드백, ⑥ 도서관 기부에 대한 사회적 인식 변화 등을 기부활성화 방안으로 제시하고 있다.

이와 같이 기부금 활성화 방안은 다양하게 논의될 수 있으나 그 중에서 많은 연구자들에 의해 제시되고 있는 도서관 기부활성화 방안을 몇 가지로 제시할 수 있다.

3.1 도서관 기부방법 및 홍보

최근 대기업의 경우 기업 이미지를 살리고 사회공헌을 수행하는 전략적 사회공헌활동의 하나로 기부활동을 선택하고 있다. 그러나 어디에 어떤 방법으로 기부해야 하는지에 대한 정보가 부족해서 기부대상을 발굴하는 데 어려움을 겪고 있는 것으로 보인다. 따라서 도서관 기부 홍보활동을 하고 기부자가 쉽게 접근할 수 있는 방법을 제시하며 기업연계프로그램을 개발하는 등 도서관 기부활성화 노력이 요구된다. 기부를 하고 있는 기업들은 실제로 기부금 유치방법으로 언론사 등 관련기관과의 협력홍보를 선호하는 것으로 나타나고 있다(노동조, 박경숙 2013).

3.2 기부자에 대한 보상

도서관 기부자의 지속적인 참여를 위해서는 기부자에 대한 사회적 또는 물질적 보상, 공식적 또는 비공식적 보상을 해야 할 것이다. 기부에 대한 보상은 크게 심리적 보상과 사회적 보상, 그리고 경제적 보상으로 나눌 수 있다(오동근, 김인식 2003).

심리적 보상은 기부자 자신의 심리적인 만족감으로, 주변 사람들로부터의 인정 및 자아실현의 욕구충족을 들 수 있다. 즉 기부행위로 인해 자신이 속한 계층의 동료들로부터의 존경이나 인정을 받는 것으로 보상을 대신하는 것이며, 자원봉사의 경우 대인관계, 새로운 경험, 공동체 의식 체험 등을 통해 자아실현의 욕구를 충족시키는 것이다.

사회적 보상은 사회제도를 통하여 이에 상응하는 보상을 받는 것으로 표창장이나 감사장, 근무시간 인정 및 경력화, 교육과정 학점화(봉사점수), 자원봉사자상 등이 있다.

경제적 보상은 기부자에게 소득공제혜택을 부여하는 것으로 기부의 주요 동기 중 하나가 된다.

기부를 자발적으로 한다 할지라도 기부 자체를 기업홍보로 활용하거나 사회적 인정을 받는 것은 기부활성화에 도움이 되기 때문에 기부에 대한 적극적인 보상은 매우 중요하다 할 수 있다. 최근 1년간 한 번이라도 기부를 한 기업들을 대상으로 실시한 설문조사연구에서 기업들은 이미지 향상에 도움이 되기 때문에 기부를 한다고 하였고 기부자에 대한 감사표시 방법은 미디어를 통한 홍보를 선호한다고 하고 있다(노동조, 박경숙 2013). 홈페이지나 도서관 발간 책자에 이름과 활동내역을 게시하는 것, 그리고 가능하다면 언론에 기사를 내는 것도 좋은 방법이 될 수 있다.

3.3 세제혜택

기부금의 종류는 공익성 정도에 따라 법정기부금, 특례기부금, 지정기부금으로 분류하고 있다. 이 중 법정기부금은 공익성이 가장 큰 기부금으로 인정되어 소득공제비율이 매우 높다(손원익 2010).

도서관에 대한 기부의 경우 기부대상 도서관의 성격에 따라 세제상 혜택이 차별화되고 있는데, 중앙정부 및 지방자치단체가 운영하는 도서관에 대한 기부와 학교도서관에 대한 기부는 가장 공익성이 큰 것으로 인정되는 법정기부금에 해당하여 개인기부자의 경우 소득의 100%까지 소득공제가 가능하고 법인기부자의 경우 50%까지 가능하다. 그리고 지방자치단체에 등록된 도서관에 기부하는 경우 지정기부금에 해당하는 세제혜택이 주어져 법인기부자의 경우 소득의 5%, 개인의 경우 소득의 20%까지이다.

그 외의 도서관들은 지방자치단체에 등록된 도서관에 한하여 기부자에게 지정기부금에 해당하는 세제상 혜택이 주어지고 있다. 이 경우 개인기부자는 소득의 20%까지, 법인기부자는 소득의 5%까지 소득공제가 허용된다.

한국의 기부금 세제 개요

<table>
<tr><th>종류</th><th>법인
(손금한도)</th><th>개인
(손금한도)</th></tr>
<tr><td>국가 · 지자체 기증 금품, 국방헌금 및 위문금품, 이재민구호금품, 사립학교 · 외국교육기관 · 산학협력단 등에 대한 시설비 · 교육비 · 장학금 · 연구비</td><td>법정기부금
(50%)</td><td rowspan="2">법정기부금
(100%)</td></tr>
<tr><td>• 사립학교병원 · 국립대병원 · 서울대병원 · 서울대치과병원 · 대한적십자병원, 한국과학기술원 등에 대한 시설비 · 교육비 · 연구비
• 사회복지공동모금회, 문화예술진흥기금</td><td>특례기부금
(50%)</td></tr>
</table>

<table>
<tr><td>사회복지시설, 대한적십자사, 불우이웃돕기결연기관을 통한 기부</td><td>지정기부금
(5%)</td><td rowspan="3">법정기부금
(100%)</td></tr>
<tr><td>특별재난지역의 자원봉사용역, 국립대학치과병원에 대한 시설비 · 교육비 · 연구비, 정치자금기부금</td><td>해당 없음</td></tr>
<tr><td>대학기부금(고등교육법 제2조에 따른 학교에 시설비 · 교육비 · 장학금 · 연구비, 2010년 12월 31일까지)</td><td>특례기부금
(100%)</td></tr>
<tr><td>사내근로복지기금, 독립기념관, 특정연구기관 · 한국생산기술연구원 등 · 전문생산기술연구소 · 한국과학창의재단 · 연구개발특구지원본부 · 산업안전연구원 · 한국정보화진흥원, 정부출연연구기관, 한국교육방송공사, 한국국제교류재단, 빈곤층아동 복지증진 비영리법인, 국민신탁법인, 박물관 · 미술관, 국제행사조직위원회, 휴면예금관리재단, 저소득층생활안정을 위한 비영리법인 등</td><td rowspan="2">특례기부금
(50%)</td><td rowspan="2">특례기부금
(50%)</td></tr>
<tr><td>공익법인 등에 기부될 조건으로 설정한 신탁</td></tr>
<tr><td>국립암센터에 대한 시설비 · 교육비 · 연구비</td><td rowspan="2">특례기부금
(50%)</td><td>지정기부금
(20%)</td></tr>
<tr><td>지방의료원에 대한 시설비 · 교육비 · 연구비</td><td>해당 없음</td></tr>
<tr><td>우리사주조합에 지출하는 기부금
(개인소득의 30% 범위 내에서 비용 인정)</td><td>해당 없음</td><td>특례기부금
(30%)</td></tr>
<tr><td>• 지정기부금단체: 사회복지법인 · 학교 · 학술 · 장학 · 기술진흥 · 문화예술 · 환경단체, 종교, 의료법인, 주무부장관의 추천을 받아 재경부장관이 지정하는 단체(2010년 3월 말 1,676개), 비영리민간단체(2010년 3월 말 74개)
• 특정 용도 지출 기부금: 학교장이 추천한 개인의 교육비 등, 공익신탁기부금, 영업자단체에 대한 특별회비, 임의단체 회비</td><td>지정기부금
(5%)</td><td rowspan="2">지정기부금
(20%)
단, 종교
단체
(10%)</td></tr>
<tr><td>노동조합비, 교원단체 회비, 공무원 직장협의회 회비, 공무원 노동조합비</td><td>해당 없음</td></tr>
</table>

기부금에 대한 조세혜택은 우리나라의 경우 선진국의 경우와 비교하여 낮지 않은 것으로 보인다. 기업기부에서 미국은 연간총수입의 10%, 캐나다는 20%까지인 반면, 우리나라는 50%이다. 개인기부에서는 우리나라는 총소득액의 100%까지인 반면, 미국의 경우 30~50%, 영국은 23%, 일본은 25%, 캐나다는 기부금액에 따라 17~75%까지 소득공제를 하고 있다.

▌주요 국가의 기부금에 대한 조세혜택

국가	개인	기업
미국	연간소득액에 대하여 • 공공성이 강한 기부: 50%까지 소득공제 • 일반기부: 30%까지 소득공제	연간 총수입에 대하여 10%까지 손비인정
영국	• 기부금전액 소득공제 • 4년 이상 지속적 기부자와 1회 400달러 이상 기부자의 소득세 중 23%를 자선단체로 되돌려줌	
일본	연간 1만 엔이 넘은 기부금에 대해 연간 총소득액의 25%까지 소득공제	자기자본의 0.25% + 연간 총수입금액의 2.5%까지 손비인정
캐나다	• 200달러 기부까지는 연방세 17%(지방세 포함하면 27%) • 200달러 초과분은 29%(지방세 포함하면 50%)까지 환급가능 • 공제대상 기부금은 순소득 75%까지 공제 • 공제되지 않는 기부금은 5년간 이월공제	연간 순이익의 20%까지 손비인정 미공제액은 5년간 이월 공제 가능

출처: 김선옥. 2006. "공공도서관의 기부 활성화 방안 연구."『국회도서관보』, 323: 64-71.

위와 같은 현금기부뿐만 아니라 도서 및 자료의 기부에 대한 세제혜택을 위한 합리적인 기준 마련도 요구된다. 문제는 이런 조세혜택에 대해 국민들이 잘 알지 못하고 있다는 것이며 따라서 조세혜택에 대한 적극적인 홍보가 요구된다.

3.4 기부관리 지침 개발

문서화된 지침을 통해 기부의 근거를 제시하고 기부자의 지속적인 참여를 유도하며, 각종 기부유형에 따른 관리를 용이하게 할 수 있다. 자원봉사자를 포함한 기부자에 대한 관리와 기부금, 기증자료에 대한 관리를 위한 기부지침은 다음과 같은 내용을 포함할 수 있다(홍기찬 2001).

첫째, 기부를 받는 이유에 대한 명확한 근거를 제시하고 기부금이나 기증자료에 대한 기준들을 명시한다.

둘째, 기부를 담당하는 부서는 효율성을 높이기 위해 자원봉사자를 포함한 기부자나 기증자료에 대한 전산화된 정보체계를 갖추어야 한다.

셋째, 어떤 형태로든 기부를 받았다면 그것을 지속적으로 이어가기 위해 기부자들에게 보상을 하고 감사표시를 해야 하며, 기부자들의 친목회 등을 통해 기부자들 간의 관계 확대를 유도해야 한다.

넷째, 기부된 것이 어디에 어떻게 사용되는지에 대한 기준을 세워 사용하고, 사용된 내역도 문서로 남겨야 한다.

위에서 보아 알 수 있듯이 기부관리지침은 투명성의 확보를 가능하게 하여 기부자나 기부관리자 간의 신뢰성을 확보하는 데 도움이 될 뿐만 아니라 기부관리의 편의성을 도모하는 데에도 크게 도움이 된다고 할 수 있다.

3.5 기부관리시스템의 구축

모금기관과 기부자의 기부내역 및 사용처 등을 확인할 수 있는 기부관리시스템이 구축되어야 한다. 즉 기부가 활성화되기 위해서는 기부자와 기부수혜단체를 연계해주고, 다양한 기부방법 및 기부관련 제도, 모금단체 등록 등을 안내하고 상담해주는 인프라의 구축이 필요하다. 도서관이 기업의 기부금 유치를 위해 가장 개선해야 할 사항은 기부관리시스템의 구축으로 나타나기도 했다(노동조, 박경숙 2013).

이를 위해서는 원스톱 서비스가 가능하도록 기부관리시스템을 구축하는 방안도 생각해 볼 수 있다. 여기에는 각종 안내뿐만이 아니라 각종 기부자 및 기부단체에 대한 데이터베이스, 수요처 데이터베이스 등에 대한 정보 등이 제공되어야 한다. 기부관리시스템은 국가단위, 지역단위 등으로 구축하는 것이 효율적일 것으로 보인다.

3.6 기업메세나 운동과 도서관

기업이 문화예술계나 공연계를 돕는 일을 뜻하는 메세나(Mecenat)는 고대 로마 아우구스투스 황제 때의 정치가이자 시인인 마에케나스(Maecenas)에서 유래한 말이라고 한다. 그는 당대 최고 예술가들의 창작활동을 물심양면

으로 후원했으며, 죽으면서 남긴 막대한 재산을 문화예술 지원에 내놓기도 했다. 이런 전통은 이후 중세 이탈리아에까지 면면히 이어졌다. 이탈리아 르네상스의 발원지인 피렌체의 영주로서 당대 예술가들을 후원한 메디치는 미켈란젤로 등 당대 최고의 예술가들을 탄생시킨 밑거름이 되었다.

기업메세나 운동은 기업들의 조건 없는 문화지원활동을 통해 인류 문화발전에 기여하는 활동이라 할 수 있다. 기업은 이제 기업이윤의 사회환원이라는 기존의 개념을 넘어 문화예술이미지를 활용해 기업브랜드가치를 높이는 전략적 마케팅 수단으로 활용하고 있는 실정이다. 도서관은 이러한 기업메세나 활동을 통해 도서관의 서비스향상과 기업의 이미지 제고를 위한 파트너십을 형성할 필요가 있다.

즉, 무한경쟁시대에서 기업메세나 활동을 통한 기업과 도서관의 만남은 기업으로서는 회사의 이미지 제고에 도움이 되고 도서관은 장서의 질 확보 및 서비스 질의 향상을 통한 지역주민 만족도 제고에 도움이 될 것이다. 백호승(2006)은 도서관이 기업과 연계한 기부운동을 할 때 도서관 기부운동에 관한 세부계획(추진배경, 방법, 절차, 기부참여 기업에 대한 인센티브 등)을 수립하고, 이를 각종 언론매체와 기업체 홈페이지 홍보, 그리고 주요 인사 및 해외 동포에게 이메일 홍보를 해야 한다고 했다. 또한 기부금에 대한 조세혜택과 기업홍보를 위한 별도 서가나 홍보코너 설치 등 기업메세나 활성화를 위한 구체적인 방안을 제시하였다.

3.7 기부자에 대한 체계적인 관리

기부자 및 기부단체의 지속적인 관리는 기부자의 최초 확보만큼이나 매우 중요하다. 기부자나 기부단체가 많지도 않은 상황에서 기부의사가 있는 개인과 단체를 확보하는 것이 쉽지 않다. 따라서 한 번 확보된 기부자에 대해서는 지속적이고 체계적인 관리를 통해 계속적으로 기부할 수 있도록 유도해야 한다. 각종 중요행사에의 초대, 각종 이벤트 알리기, 감사의 마음을 정기적으로 표현하는 것은 기부자와의 신뢰감을 형성하고 기부자가 기부에 대한 만족감을 느끼게 하는 좋은 방법이 될 수 있다.

3.8 전담부서 설치

기부를 전담할 전담부서의 설치는 많은 연구자들에 의해 주장되고 있다. 전담부서에서는 기부기준을 마련하고, 사회기관들과의 네트워크를 형성해 나가며, 기부기관을 확대해 가는 역할을 할 수 있을 것이다.

뉴욕공공도서관의 경우 기부금전담 사업개발부를 운영하면서 자금확보를 위한 전략을 세우도록 하고 자금모금 활동을 하고 있다.

기부전담부서는 위에서 언급한 기부활성화를 위한 모든 전략을 수립하고 관련 활동을 함으로써 도서관의 재정확보에 기여할 수 있을 것이다.

| 참 | 고 | 문 | 헌 |

김기태. 2010. “특집 : 도서관과 기부문화 – 류무종가족 기부문화 데이터베이스 구축 사례.” 『圖書館文化』, 51(3): 28-35.

김선옥. 2006. “공공도서관의 기부 활성화 방안 연구.” 『국회도서관보』, 323: 64-71.

김효숙. 2004. “뉴욕공공도서관의 재정확보에 관한 연구.” 『한국정보관리학회 학술대회 논문집』, 133-140.

노동조, 박경숙. 2013. “기부금을 활용한 작은도서관 활성화 방안 연구.” 『한국비블리아학회지』, 24(1): 171-187.

노문자. 1999. “도서관의 후원기금에 관한 연구.” 『한국비블리아학회지』, 10: 175-212.

박경수. 2009. “나눔을 넘어 변화로: 기부 활동 어떻게 할 것인가.” 『기부가 도서관을 바꾼다: 도서관 기부활성화세미나』, 도서관발전재단.

백호승. 2006. “기업과 도서관의 행복한 만남, 기부문화.” 『圖書館文化』, 47(5): 39-41.

손원익. 2010. “특집 : 도서관과 기부문화 – 우리나라 기부의 현실과 과제.” 『圖書館文化』, 51(3): 20-27.

송경진. 2010. 공공도서관의 재원조달 개선방안 연구. 이화여자대학교 대학원 문헌정보학과 석사학위논문.

오동근, 김인식. 2003. “공공도서관의 기부현황과 그 개선방안에 관한 연구 – 대구광역시 공공도서관을 중심으로–.” 『한국문헌정보학회지』, 37(2): 207-227.

이기현. 2010. “작은도서관 기부사례: (사)작은도서관만드는사람들.” 『국회도서관보』, 47(5): 21-23.

이용훈. 2010. “도서관 기부문화 활성화를 위한 법・제도적 개선방안.” 『국회도서관보』, 47(5): 2-9.

최용관. 2007. 우리나라의 대학도서관기금 조성에 관한 연구. 전북대학교 대학원 문헌정보학과 박사학위논문.

2

Chapter

아름다운 기업들

EBS
LG U+
LG화학
SK텔레콤
네이버 문화재단
뉴스킨 코리아
동서식품 & 스타벅스 디스커버리즈
루이비통
메리케이 코리아
신한카드
아름다운가게
파리바게뜨
한국EMC
한국농수산식품유통공사
한국자산관리공사(KAMCO, 캠코)
한국지역난방공사

도서관을 만드는 아름다운 기업들

EBS

- 회 사 명: EBS(한국교육방송공사)
- 주　　소: 서울특별시 서초구 바우뫼로1길 35 한국교육방송공사
- 전화번호: 1588-1580
- 홈페이지: www.ebs.co.kr

How many a man has dated a new era in his life from the reading of a book.

한 권의 책을 읽음으로써 자신의 삶에서 새 시대를 본 사람이 너무나 많다.

– 헨리 데이비드 소로우

1 EBS는?

EBS는 우리나라의 대표적인 방송교육 기업으로서 e-Learning과 TV방송 등을 통하여 국민의 교육복지와 평생교육을 돕는 공교육을 대표하는 공기업이다. EBS는 학교교육의 보완과 평생교육, 민주적 발전교육을 사명으로 '2020 VISION'을 수립하였고, 2013년 경영목표는 인성교육과 평생학습지원, 교육복지를 확대하는 것으로 삼았다.

EBS는 상처를 치유하고 사회 갈등 해소를 위한 '치유 프로젝트', '행복한 미래사회를 위한 비전제시', 학교폭력과 가출, 집단 따돌림 등의 피해를 받은 청소년들을 위한 '청소년을 살리자', '유아와 어린이를 위한 인성교육', 세계적인 수준의 '다큐멘터리 제작', 수학교육 전문사이트 EBSmath를 통한 '수학의 대중화', EBS의 FM라디오 '책읽어주는 라디오' 등 7가지 콘텐츠 개발을

통한 올바른 독서교육과 인성교육을 기획하였다.

사회적 약자를 돕기 위한 교재 무상 지원과 다문화가정 교육, 멘토링 등 복지사업에도 앞장서 많은 사람들이 사회 안으로 포용될 수 있도록 함께 노력하고 있다.

2 EBS의 '낮은도서관' 만들기

EBS는 사회공헌 목표를 ① 교육으로 하나 되는 세상, ② 다 함께 사는 사회, ③ 함께 나누는 기쁨, ④ 글로벌 사회공헌 등 총 4가지로 세우고 노인부터 유아, 장애인과 비장애인 등에 대한 교육을 통해 올바른 가치관을 확립하고 나눔을 베풀고 공유하는 사회적인 책임을 다하고 있다. 또한 글로벌 미디어그룹으로서 해외에 거주하고 있는 한국 교민과 그 자녀들을 위한 교육프로그램 및 나눔을 통해 모두가 화합하는 세상을 만들기 위해 노력하고 있다.

EBS에서는 '홍보사회공헌부'라는 부서를 따로 두어 사회공헌과 관련된 업무를 담당하고 있다. 대표적으로 소외계층 지원, 글로벌 네트워크를 구성하여 사회공헌활동을 세계화시키며, 전 직원이 참여한 사회공헌활동을 추진하며 공영방송 프로그램답게 다양한 사회공헌 방송프로그램을 제작하고 홍보하여 나눔이 확산되는 사회분위기를 조성하는 역할을 하고 있다.

방송을 통한 사회공헌활동으로 프로그램 '나눔 0700', '나눔+' 등과 저소득층 자녀의 수능교재 및 해외 동포의 EBS교재 지원, 임직원이 참여하는 '사랑의 김치담그기' 등의 사회공헌활동을 진행해 왔다. 이번 EBS에서 지은 낮은도서관 또한 EBS의 사회공헌활동 중 하나로 다른 기업 및 봉사단체와 함께 진행한 독서문화 확산노력의 결과이다.

2013년 10월 14일 경상북도 청송에 '낮은도서관' 1호점이 문을 열었다. 이 도서관은 EBS와 한국디자인진흥원(KIDP), 한국문화예술위원회, 구세군을 통한 롯데홈쇼핑의 후원 등과 함께 7월부터 기획되어 완성되었다. 2013년 7월

25일 낮은도서관에 인테리어 디자인과 CI개발 등이 디자인 재능기부 등을 통해 이루어졌다. 이 낮은도서관 1호점 안에는 북카페와 아트월, 툇마루, 그리고 북아지트 등 다양한 공간들이 구성되어 있다.

^ EBS, 한국디자인진흥원, 한국문화예술위원회, 한국구세군, 롯데홈쇼핑 로고

EBS 낮은도서관은 구세군을 통한 롯데홈쇼핑의 후원으로 2억 원의 예산을 투입하여 지어졌으며 24시간 항시 이용할 수 있도록 문을 열고 주민들을 기다리고 있다. 7월부터 협약기관들과 협의를 통해 4개월 만에 1호점이 문을 연 것이다.

설계와 인테리어 및 CI개발은 한국디자인진흥원에서 재능기부를 하였다. 낮은도서관의 독특한 로고와 아름다운 건물디자인과 인테리어는 공간디자이너 전승철, 인테리어디자이너 최성봉, CI개발 진영관 등이 주도적인 역할을 하였다. 특히 낮은도서관에 사용된 로고는 한국적인 이미지를 살려 한글을 도형화하여 만들었으며 말 그대로 '낮은'도서관이기 때문에 글씨의 형태에서 낮은도서관을 잘 알아볼 수 있도록 디자인하였다고 한다. 또 낮은도서관은 다양한 공간이 마련되어 편안함과 아늑함을 느낄 수 있는 장소로 꾸며졌다.

낮은도서관 CI

북아지트와 툇마루

도서 등의 콘텐츠들은 한국문화예술위원회의 힘을 빌렸다. 또 경상북도 북부 제1교도소의 교도관들이 지속적으로 재능기부 약속을 하였다. 그들은 악기연주 구세군 사관들로서 방과 후 학습 등을 도서관에 지원해 줄 계획이다. 낮은도서관은 문화적으로 열악한 지역의 문화발전에 도움이 되었으며 교육시설의 제공으로 지역주민들이 정보격차와 교육격차를 줄이고 다양한 문화를 가까이에서 접해볼 수 있는 기회를 얻게 되었다. 또 독서의 재미와 중요성, 독서하는 습관을 길러주는 역할을 할 것이다.

기부자	기부내용
EBS	총괄적 진행
한국디자인진흥원	설계와 인테리어 및 CI개발 - 낮은도서관의 독특한 로고, 아름다운 건물디자인과 인테리어는 공간디자이너 전승철, 인테리어디자이너 최성봉 - CI개발 진영관
한국문화예술위원회	도서 등의 콘텐츠 지원
구세군을 통한 롯데홈쇼핑	2억 원의 예산 투입
'나눔 0700'의 진행자인 전제향	낮은도서관 홍보대사
악기연주 구세군 사관	재능기부, 방과 후 학습 등을 도서관에 지원

EBS 낮은도서관 개관식에는 EBS프로그램 중 '나눔 0700'의 진행자인 전제향이 낮은도서관 홍보대사로 방문해 낮은도서관을 널리 알릴 수 있도록 하였다.

북카페와 진행자 전제향

주민들과 학생들은 마음껏 책을 읽으며 지식을 쌓아 나가고 재미있는 상상력을 마음껏 펼칠 수 있을 것이다.

EBS는 지속적으로 낮은도서관을 만들어나가면서 문화적으로 열악하여 도서관이 필요한 지역에 주민들이 책을 읽고 문화수준을 높여갈 수 있게 적극적으로 지원할 예정이다.

낮은도서관 개관식

내용 및 사진출처

EBS 홈페이지
http://www.ebs.co.kr
롯데홈쇼핑 홈페이지
http://www.lottehomeshopping.com
한국문화예술위원회 홈페이지
http://www.arko.or.kr
구세군 홈페이지
http://www.salvationarmy.or.kr
한국디자인진흥원 홈페이지
http://www.kidp.or.kr
EBS공식 블로그 'EBS 스토리'
http://blog.naver.com/ebsstory
이티뉴스. 김명희. 한국디자인진흥원. EBS와 디자인 재능 기부 협력
http://www.etnews.com/news/home_mobile/living/2806343_1482.html
연합뉴스. 이상현. 〈문화소식〉EBS '낮은도서관' 1호점 14일 개관
http://news.naver.com/main/read.nhn?mode=LPOD&mid=etc&oid=001&aid=0006534243

도서관을 만드는 아름다운 기업들

LG U^{+}

- **회 사 명:** LG U^{+}
- **주 소:** 서울특별시 중구 소월로2길 30(남대문로5가)
- **전화번호:** 1544-0010
- **홈페이지:** www.uplus.co.kr

책은 청년에게는 음식이 되고 노인에게는 오락이 된다.
부자일 때는 지식이 되고, 고통스러울 때는 위안이 된다.

– 키케로

1 LG U^{+}는?

LG U^{+}는 대한민국의 통신회사로 LG그룹의 계열사이다. 2010년 1월 1일에 기존의 LG텔레콤이 LG데이콤과 그 자회사인 LG파워콤을 흡수합병하게 되었다. LG U^{+}는 두드림U^{+}요술통장, 글로벌IT챌린지, 임직원 자원봉사 등 나눔 플러스, IT 플러스, 젊은 꿈 플러스와 같은 사회공헌활동을 해오고 있다.

⌃ 두드림 U+ 요술통장

2 LG U+ 'LTE 꿈의 도서관'

LG U+는 우리 사회의 꿈과 희망을 위해 사랑을 나누고 가치를 더하겠다는 목적으로 우리 사회의 따뜻한 성장을 위한 역할과 책임을 다하려 노력하고 있다.

LG U+는 도서벽지 초등학교 학생들이 스마트기기를 활용해 학습과 교양함양에 필요한 콘텐츠를 이용할 수 있도록 2012년 6월, 전교생이 40명 미만인 도서벽지 소규모 초등학교인 울릉군 남양초등학교와 강진군 강진북초등학교 2곳에 'LTE 꿈의 도서관'을 건립하였다. LTE 꿈의 도서관 만들기 프로젝트는 LG U+ 홈페이지에 소개되어 고객들이 함께 참여하는 사회공헌활동 형식으로 진행되었으며 2012년 6월 도서관이 완공될 때까지 홈페이지를 통해 관련 소식이 업데이트되었다. LG U+는 세계유일 전국망 U+ LTE의 장점을 활용해 앞으로 지속적으로 이와 같이 뜻깊은 사회공헌활동을 펼칠 예정이다.

^ 꿈의 도서관 만들기 배너

^ 꿈의 도서관 만들기 이벤트 페이지

3 LG U⁺는 어디에 꿈의 도서관을 설립했을까?

● 남양초등학교

남양초등학교는 경상북도 울릉군에 위치하여 외부와 교류가 없고 전반적으로 시설이 낙후되어 있어 문화적으로 소외를 받을 수밖에 없었다. 이런 남양초등학교의 교육격차를 완화하고 LTE를 통해 다양한 교육, 문화 경험을 제공하고자 LG U⁺는 남양초등학교의 낙후된 기존 도서관 시설을 리모델링하여 LTE 꿈의 도서관을 재탄생시켰다. 위와 같은 지원으로 인해 교육혜택을 받기 어려웠던 남양초등학교 학생들은 빠른 스마트기기로 최신교육콘텐츠를 활용할 수 있는 기회가 생겼다. LG U⁺는 남양초등학교 LTE 꿈의 도서관에 LTE 데이터 통신요금과 전자책 콘텐츠 350건, 플래시 동화책 175권, 교육용 VOD 300여 편 등 다양한 교육콘텐츠를 제공하였다. 또한 LG전자는 옵티머스 Vu:와 LTE PAD 등 통신기기를 지원하였다.

^ 남양초등학교 꿈의 도서관 모습

^ 꿈의 도서관 개관에 신난 아이들

강진북초등학교

전라남도 강진에 위치한 강진북초등학교는 폐교 위기에 처했으나 지난해 야구단을 창단하는 등의 지속적인 노력으로 폐교 위기에서 벗어났다. 하지만 교육과 문화 환경 전반이 열악한 상황에 놓여 있어 지원이 필요한 실정이었다. 이런 강진북초등학교에 LG U+는 LTE 꿈의 도서관을 건립하여 LTE 데이터 통신요금과 전자책 콘텐츠 350건, 플래시 동화책 175권, 교육용 VOD 300여 편 등 다양한 교육콘텐츠를 제공하였다. 또한 LG전자가 옵티머스 Vu:와 LTE PAD 등 통신기기를 지원하였다. 대도시에 비해 다양한 교육경험을 갖기 어려운 지역의 학생들이 LTE를 통해 꿈을 키워갈 수 있게 된 것이다.

통신기기를 만지며 즐거워하는 아이들

강진북초등학교의 꿈의 도서관

이와 같은 지원에 따라, 평소 사교육을 접하기 어려웠던 강진북초등학교와 남양초등학교 학생들은 LTE 스마트기기와 교육콘텐츠를 방과 후 학습 등에 활용해 자기주도적으로 공부할 수 있을 것으로 기대한다.

내용 및 사진출처

LG유플러스 CSR팀. 2013. 『2012 지속가능경영보고서』. 서울: LG유플러스 CSR팀
LG U+ 홈페이지
http://www.uplus.co.kr
LG U+ 꿈의 도서관 이벤트 페이지
http://www6.uplusIte.co.kr/event/library/library_main.asp
네이버 지식백과
http://terms.naver.com
아시아경제. 임선태. LG U+, LTE 꿈의 도서관 건립
http://www.asiae.co.kr/news/print.htm?idxno=2012060509385277260&udt=1

도서관을 만드는 아름다운 기업들

LG화학

- **회 사 명:** LG화학
- **주 소:** 서울특별시 영등포구 여의대로 128 LG 트윈타워
- **전화번호:** 02-3777-1114
- **홈페이지:** www.lgchem.com

I've never known any trouble that an hour's reading didn't assuage.

한 시간 독서로 누그러지지 않는 걱정은 결코 없다.

– 샤를 드 스공다

1 LG화학은?

LG화학은 LG그룹의 계열사로 고밀도 폴리에틸렌, PVC, 아크릴 등 석유화학계 기초화학 물질을 제조하는 업체이다. LG화학은 기초유분에서 특수소재까지 고품질 석유화학 제품과 원료의 안정적인 공급으로 고객에게 서비스하도록 지원하고 있으며 첨단기술이 집적된 정보전자소재를 통해 고객에게 서비스하고, 자동차전지를 비롯한 차세대 전지의 선행 개발을 통해서 친환경, 에너지 산업의 혁명을 할 수 있도록 노력하고 있다. 또한 차별화된 소재와 솔루션으로 고객과 함께 성장하는 세계적 기업이 되고자 노력하고 있다.

LG화학 로고

LG화학은 일시적 기부나 자선의 차원을 넘어 '창조적 자본주의'의 관점

에서 교육, 복지, 지역사회지원, 해외 사회공헌의 네 가지 분야를 중심으로 사회공헌활동을 전개하고 있다. 그 중 도서관 지원사업은 갈수록 심화되고 있는 경제 양극화 현상을 완화하고 모두가 살기 좋은 세상을 만들기 위하여 상대적 소외계층을 위한 '복지'분야 사업에 해당된다. LG화학은 매년 사회복지공동모금회에 20억 원 이상을 기탁하고 이 중 10억 원 이상을 '지정기탁사업'에 사용하고 있다. 지정기탁사업에는 '어린이도서관 지원사업', '소외아동 영어캠프', '뮤지컬 홀리데이' 등이 있는데, 이 사업을 통해 소외계층에게 보다 질 높은 혜택을 줄 수 있는 사업자를 매칭시켜줌으로써 효과를 극대화하고 있다.

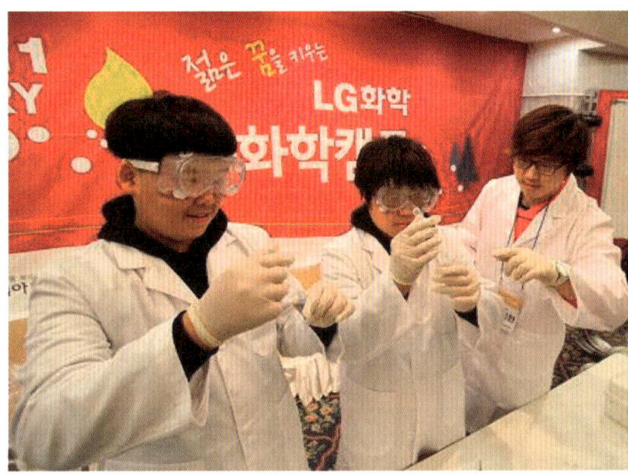

LG화학 사회공헌활동

2 LG화학 '희망 가득한 도서관 만들기'

LG화학은 청소년들에게 미래의 솔루션을 제공하는 기업시민 파트너라는 사회공헌 비전을 가지고 미래의 주역인 청소년들에게 책을 읽는 문화를 정착시킴과 동시에 사랑방 역할을 할 수 있는 문화공간을 지역주민에게 제공하고자, 2007년부터 '어린이도서관 지원사업'을 지정기탁사업으로 선정하여 매년 3억 원을 지원하고 있다. 어린이들에게 책을 항상 곁에 두는 습관을 지도하려면 도서관 환경을 지속해서 변화시키는 일이 무엇보다 중요하다며 '미래의 희망인 어린이와 청소년을 사랑하는 LG, 어린이와 청소년에게 사랑받는 LG'가 되기 위해 노력하겠다고 하였다. LG화학은 미래사회의 주역인 청소년들이 좋은 환경에서 독서의 재미를 느끼며 양질의 책을 자주 접할 수 있도록 향후에도 도서관 기증사업을 지속적으로 해나갈 예정이다.

LG화학의 재정적인 지원과 리모델링사업을 통해 2007년부터 2012년까지 총 17개의 도서관을 개관하였다. 또한 매년 3억 원을 기증하고, 건물을 리모델링하고, 놀이시설과 함께 각종 시청각시설을 설치하여 지역사회의 파트너로서 이웃사랑을 실천해 나가고 있다.

LG화학은 기적의 도서관으로 유명한 '책읽는사회문화재단'을 사업 파트너로 지정하여 딱딱한 의자에 앉아 책만을 읽는 기존의 도서관의 개념을 넘어서 다목적 문화공간을 제공하고 있다. 이를 위해 설계단계에서부터 어린이들과 지역주민들이 편하게 다가설 수 있도록 하는 데 초점을 맞추고 각종 놀이시설 및 시청각 설비를 갖추었으며 도서관을 찾는 학생들의 건강을 위하여 모든 마감자재는 친환경 소재를 사용하도록 하였다.

친환경 소재를 사용한 도서관의 모습

3 LG화학은 어디에 희망이 가득한 도서관을 지었을까?

LG화학은 사회복지공동모금회 및 책읽는사회문화재단과 함께 초등학교 내에 어린이도서관을 건립하는 사업을 지원하였다.

사랑의열매 사회복지공동모금회 책읽는사회문화재단 Book Culture Foundation

사회복지공동모금회, 책읽는사회문화재단 로고

2007년

2007년 11월, 여수공장 인근에 위치한 화양초등학교와 미평초등학교에 아름뜰도서관을 건립해 교육 및 문화시설이 부족한 지역사회에 학습공간을 마련해 주었다. 또한 울산공장은 1사1교 자매결연한 울산 온남초등학교에 필요한 도서를 구입 · 기증하였다.

아름뜰도서관

LG화학은 해외 진출에 앞서 해당 국가에 기여할 수 있는 부분을 모색하여 장학사업 및 복지지원사업 등의 사회공헌활동을 수행하고 있다. 그 중 중국 광저우 내 생산법인인 LG Chemical Engineering Plastics Co., Ltd.는 빈곤 소학교에 도서 및 학용품을 기증하고 회사 이름을 내건 도서관을 개소하였다.

중국 소학교에 도서관 개소

2008년

2008년에는 나주의 나주초등학교에 '비단고을꿈샘터도서관', 서산 대진초등학교에 '꿈누리도서관', 그리고 익산 이리석암초등학교에 '늘벗골도서관'을 개관하여 학생 및 학부모 그리고 지역사회로부터 큰 호응을 얻고 있다.

이리석암초등학교는 별도의 도서관 건물이 없어 기존의 교실과 복도를 이용하여, 전문 디자이너의 손을 거쳐 도서관이 꾸며졌다. 어린이들이 좋아하는 다락방, 숨는 방, 오목 공간 등의 구조를 적용하였으며 각종 시청각 설비가 갖추어졌다. 또한 온돌형 난방을 갖추어 아이들이 집에서처럼 엎드리거나 뒹굴 수 있는 집 같은 공간으로 만들어졌다. 공사에 사용된 모든 마감자재는 친환경 소재로 시공되었으며 좁은 공간을 다목적으로 사용할 수 있도록 책장은 벽에 매립하였다. 재미있고 편안한 이동식 가구를 배치해 공간과 잘 어울리도록 구조와 색상을 배려한 도서관이다.

익산 이리석암초등학교 '늘벗골도서관'

2009년

2009년에는 청원 옥산중학교에 '글향마루도서관', 청주 봉정초등학교에 '꿈과 희망의 도서관', 대전 와동초등학교에 '기왓골 꿈터 도서관'을 개관하였다.

2009년에 역시 국내뿐만 아니라 국외에서도 활발한 사회공헌활동을 하였다. 그 중 도서관을 지원한 내용을 보면, 중국 광저우에 위치한 생산법인인 LGCE GZ는 지난 2007년 지역 내 소학교에 도서관을 건립하고 이후 매년 도서 및 학용품을 기증하고 있다. 또한 중국 닝보에 위치한 LG YX는 'I Love Ningbo' 활동을 통해 지역사회와 함께 성장하는 기업으로서의 자리를 확고하게 하고 있으며 도서관도 건립하였다.

봉정초등학교 '꿈과 희망의 도서관'

2010년

2010년에는 김천 동신초등학교, 파주 원릉초등학교, 영등포 돈보스코 청소년센터에 도서관을 개관하였다.

열심히 책을 읽고 있는 아이

개관한 도서관의 모습

김천 동신초등학교는 경상북도 김천에 위치한 학교로 약 1,255명의 학생이 도서관 건립의 혜택을 받을 수 있게 되었다. 파주 원릉초등학교는 경기도 파주에 위치한 학교로 약 80명의 학생이 이 지원사업으로 인해 꿈을 키워나갈 수 있게 되었다. 영등포 돈보스코센터는 서울시 영등포구에 위치한 청소년센터로 약 300여 명의 청소년들이 마음 편하게 책을 읽을 수 있는 사랑방을 제공받게 되었다. 2010년까지 총 10개 지역 11개교에 지원사업을 하였으며 약 7,756명의 아이들이 LG화학으로 인해 새로운 희망을 꿈꿀 수 있게 되었다.

2011년

2011년에는 여수 YMCA 생태교육관, 청원 옥산초등학교, 나주 중앙초등학교에 도서관을 개관하였다.

여수공장 인근 소라면에 위치한 YMCA 가사리생태교육관에 12번째 도서관인 '해들누리도서관'을 완공하여 기증하였다. 해들누리도서관은 생태, 환경, 과학, 문화 등 다양한 분야의 도서 8,000여 권을 갖춘 대형 도서관으로 문화공간이 부족한 여수지역의 문화 중심지가 될 것으로 기대된다. LG화학은 미래사회의 주역인 청소년들이 좋은 환경에서 독서의 재미를 느끼며 양질의 책을 자주 접할 수 있도록 도서관 기증사업을 계속적으로 해나가겠다고 약속하였다.

해들누리도서관의 개관에 신난 아이들

LG화학의 13호 '희망 가득한 도서관'으로 옥산초등학교 알찬마루도서관이 개관하였다. 2009년에 개관한 청주 봉정초등학교와 옥산중학교에 이어 청주·청원지역에서 세 번째로 지어진 도서관이다.

'희망 가득한 도서관 지원사업'의 14번째 도서관은 전라남도 나주중앙초등학교로 선정되어 개관되었다. 2008년 나주초등학교에 이어 나주지역에 두 번째로 개관한 이 도서관은 LG화학에서 총사업비 1억 원을 들여 내부 전면 인테리어와 전산 비품, 교구 등을 리모델링하여 재개관하였다.

2012년

LG화학은 2007년부터 2012년까지 총 17개의 도서관을 개관하였다. 15번째 도서관은 바로 LG화학 대산공장 인근 대산읍에 위치한 대산중학교의 '한뫼도서관'이다. 한뫼도서관은 약 15,000권의 도서를 갖추고 있으며 시청각 공간, 정보 검색대는 물론 그룹스터디 등 다양한 활동을 할 수 있는 별도의 공간을 마련하였다.

대산중학교의 한뫼도서관

LG화학은 충청북도에 위치한 오창중학교에 1억 원을 지원하여 17번째 '희망 가득한 도서관'을 개관하게 되었다. LG화학의 도서관 지원사업은 오창중학교 학생들이 꿈과 희망을 키우고 당당한 사회의 일원으로 성장할 수 있도록 발판을 마련해 주었다.

충청북도 오창중학교 도서관 개관식

LG화학의 '희망 가득한 도서 전달'

도서관 지원뿐만 아니라 일반 도서지원도 활발하게 전개하고 있는데 LG화학 오창·청주공장은 충청북도 청원군 옥천초등학교와 옥천지역아동센터, 청주시지역아동센터연합회를 방문해 1,500만 원 상당의 '희망 가득한 도서'를 기증하기도 하였다.

2013년

LG화학은 2013년 11월 26일 충북 청원군 미원면 충북에너지고등학교에 '새암 글사랑방도서관'을 새롭게 리모델링해 개관하였다. 새암 글사랑방도서관은 청주·청원지역에서는 봉정초등학교, 옥산중학교, 옥산초등학교, 오창중학교에 이어 5번째로 지원받은 도서관이다. 새암 글사랑방도서관은 사회, 과학, 문화 등 다양한 분야의 도서를 구비하고 있으며, 영상자료를 감상할 수 있는 시청각공간과 PC를 활용한 정보 검색대, 그룹 스터디룸 등을 마련하였다.

새암 글사랑방도서관 개관식

2013년 11월 27일 오후 전라남도 나주 영산포여자중학교에 책나루도서관이 개관하였다. 책나루도서관은 LG화학의 사회공헌의 일부로 이루어지는 '희망 가득한 도서관'사업의 지원을 받아 개관한 도서관이다. LG화학은 영산포여자중학교의 노후한 도서관에 1억 원을 들여 리모델링하고 온돌방과 전산장비, 비품 등을 새로 설치하였다.

국내의 도서관 및 도서지원 현황

도서관 이름	개관시기	위치	비고
아름뜰도서관	2007	여수 화양초등학교	
아름뜰도서관	2007	여수 미평초등학교	
온남초등학교 도서관	2007	울산 온남초등학교	도서 기증
비단고을꿈샘터도서관	2008	나주 나주초등학교	
꿈누리도서관	2008	서산 대진초등학교	
늘벗골도서관	2008	익산 이리석암초등학교	
글향마루도서관	2009	청원 옥산중학교	
꿈과 희망의 도서관	2009	청주 봉정초등학교	
기왓골 꿈터 도서관	2009	대전 와동초등학교	
동신초등학교 도서관	2010	김천 동신초등학교	
원룡초등학교 도서관	2010	파주 원룡초등학교	
돈보스코 청소년센터 도서관	2010	영등포 돈보스코 청소년센터	
해들누리도서관	2011	여수 YMCA 가사리생태교육관	
알찬마루도서관	2011	청원 옥산초등학교	
중앙초등학교 도서관	2011	나주 중앙초등학교	
한뫼도서관	2012	대산읍 대산중학교	
오창중학교 도서관	2012	충청북도 오창중학교	
옥천초등학교 도서관	2012	충청북도 청원군 옥천초등학교	도서 기증
옥천지역아동센터	2012	충청북도 청원군 옥천지역 아동센터	도서 기증
청주시지역아동센터연합회	2012	충청북도 청주시지역아동센터 연합회	도서 기증
새암 글사랑방도서관	2013	충청북도 청원군 미원면 충북 에너지고등학교	
책나루도서관	2013	전라남도 나주 영산포여자중 학교	

국외의 도서관 및 도서지원 현황

지원한 곳	지원시기	위치	지원내용
LG Chemical Engineering Plastics Co., Ltd.	2007년 부터 매년	중국 광저우 내 빈곤 소학교	도서 및 학용품 기증
LG YX	2009	중국 닝보	도서관 설립

4 변화모습

어린이도서관은 학교 학생들뿐만 아니라 문화시설이 부족한 지역주민들까지 이용할 수 있는 공간으로 활용되고 있다. 특히 2009년부터는 더 많은 연령대가 이용할 수 있도록 사업 영역을 중학교까지 확대하였다. 이러한 노력의 결과로 지어진 도서관은 모두 아동·청소년들의 도서관으로서의 역할뿐만 아니라 지역사회의 사랑방 역할까지 담당하여 명실공히 지역사회의 자랑거리가 되고 있다.

또한 2010년에는 학교도서관뿐만 아니라 청소년 복지시설까지 그 대상을 확대하였다. 이렇게 설립된 도서관은 청소년들의 건강과 정서를 고려하여 친환경 자재를 사용하고 디자인에도 각별히 신경을 써서 이용자들의 많은 사랑을 받고 있다. 또한 단순히 도서관을 만드는 것에서 나아가 도서관 이용의 활성화를 위하여 도서관의 운영·관리를 지원하고 있으며 독서교육 및 작가와의 만남 등 다양한 지원 프로그램도 함께 운영하고 있다.

내용 및 사진출처

LG화학 환경안전팀. 2008. 『2007 지속가능성 보고서』. 서울: LG화학 환경안전팀
LG화학 환경안전팀. 2009. 『2008 지속가능성 보고서』. 서울: LG화학 환경안전팀
LG화학 환경안전팀. 2010. 『2009 지속가능성 보고서』. 서울: LG화학 환경안전팀
박인 외. 2011. 『2010 지속가능성 보고서』. 서울: LG화학 환경/기후변화대응팀
박인 외. 2012. 『2011 지속가능성 보고서』. 서울: LG화학 환경/기후변화대응팀
박인 외. 2013. 『2012 지속가능성 보고서』. 서울: LG화학 CSR 사무국
LG화학 홈페이지
http://www.lgchem.com
책읽는사회문화재단 홈페이지
http://www.bookreader.or.kr
사회복지공동모금회 홈페이지
http://www.chest.or.kr
파이낸셜뉴스. 김유진. LG화학 15번째 도서관 완공
http://www.fnnews.com/view?ra=Sent0601m_View&corp=fnnews&arcid=20121102010001889000776&cDateYear=2012&cDateMonth=11&cDateDay=02
충청투데이. 이정현. LG화학 '희망 가득한 도서' 전달
http://www.cctoday.co.kr/news/articleView.html?idxno=735765
충청일보. 오창중 신홍균. 도서관 개관
http://www.ccdailynews.com/sub_read.html?uid=303153&section=sc136
아시아경제. 조인경. LG화학, 소외지역 학생들 위한 도서관 기증
http://www.asiae.co.kr/news/view.htm?idxno=2011093011355860482
아시아뉴스통신. 이인영. LG화학 후원, 오창중 도서관 개관
http://www.anewsa.com/detail.php?number=416864&thread=09r02
서울파이낸스. 온라인팀. LG화학, 12번째 도서관 '해들누리' 기증
http://www.seoulfn.com/news/articleView.html?idxno=115915
연합뉴스. 이동경. LG화학, 소외지역에 12번째 도서관 기증
http://news.naver.com/main/read.nhn?mode=LSD&mid=sec&sid1=101&oid=001&aid=0005292922
EBN. 최밍키. LG화학, 15번째 희망도서관… 6년간 18억원 지원
http://www.ebn.co.kr/news/n_view.html?id=576166
머니투데이. 이상배. LG화학 "초·중학교 도서관 지어 기증"
http://www.mt.co.kr/view/mtview.php?type=1&no=2012102415414929362&outlink=1
충북일보. 김동민. LG화학, 다문화가족에 '희망 가득한 도서' 전달
http://www.inews365.com/news/article.html?no=292463
뉴시스. 이창우. LG화학, 나주에 14번째 희망 도서관 기증
http://www.newsis.com/article/view.htm?cID=&ar_id=NISX20111108_0009694843
충청일보. 김헌섭. 꿈·희망 품은 봉정도서관
http://www.ccdailynews.com/section/?knum=120550
뉴스1. 이정현. LG화학, 충북에너지고에 '희망 가득한 도서관' 개관
http://news1.kr/articles/1424080
소통뉴스. 이남진. LG화학, 초등학교 도서관 리모델링 선물 '흐뭇'
http://www.sotongnews.com/detail.php?number=7890&thread=22r04

도서관을 만드는 아름다운 기업들

SK 텔레콤

- 회 사 명: SK텔레콤(SK Telecom)
- 주 소: 서울특별시 중구 을지로 65 SK T-타워 SK텔레콤
- 전화번호: 1599-0011
- 홈페이지: www.sktelecom.com

A room without books is like a body without a soul.

책 없는 방은 영혼 없는 육체와도 같다.

– 키케로

1 SK텔레콤은?

SK텔레콤은 SK그룹의 계열사로 1984년 3월에 세워졌고, 무선통신업을 주요 사업으로 하는 한국이동통신서비스이다. SK텔레콤은 국내 최초로 제1세대 아날로그 이동전화의 시대를 열었으며, 세계 최초로 CDMA 기술을 상용화하여 제2세대 이동통신을 완성시킨 기업이다. SKT는 고유의 기술과 인프라를 활용한 사회공헌활동으로 보다 효율적이고 지속가능한 사회혁신을 달성하고자 ICT 기반의 사회책임활동을 강화하고 있다. 또한 급속하게 변화하는 ICT 환경에 발맞춰 ICT 가치사슬(Value Chain) 전반에 걸쳐 사회공헌 프로그램을 강화하고 다양한 이해관계자들이 활용할 수 있도록 기술과 역량을 나누어 더 큰 사회가치 창출에 기여하고자 하는 기업이다.

2 SK텔레콤 '해피북스'

미래 꿈나무들에게 지식 나눔을 실천하자는 취지로 '해피북스(Happy Books)' 도서 기증 프로그램을 도입하였다. 이 프로그램으로 서귀포시 기적의 도서관에 책을 기증하게 된 것이다. SK텔레콤은 2013년도를 시작으로 매해 골프대회마다 추진할 계획이다.

2013년 5월 16~18일 서귀포시 핀크스골프장에서 열린 한국프로골프투어 SK텔레콤 오픈에서 본선에 진출한 60위 이내 선수들이 기록한 이글수와 버디수를 합하여 852권의 어린이도서를 기증하였다. 이 대회는 19일까지 4라운드로 진행될 예정이었지만 악천후로 마지막 라운드가 취소되면서 3라운드 경기 결과로 마무리되었고, 3라운드 내에 이글 23개, 버디 829개가 나왔다. 선수들은 이글을 잡으면 5만 원을, 버디를 하면 2만 원을 내어 총 1,273만 원을 모았다.

한국프로골프투어 SK텔레콤 오픈 '해피북스(Happy Books)'

3 SK텔레콤이 도서를 기증한 도서관은?

SK텔레콤이 도서를 기증한 도서관은 제주도 서귀포시에 위치한 서귀포 기적의 도서관이다. 시민단체인 '책읽는사회만들기국민운동'이 MBC 프로그램인 '느낌표'와 함께 어린이 전용 도서관 건립을 목적으로 하는 '기적의 도서관 프로젝트'를 통해 설립한 도서관이다. 제주도 서귀포 기적의 도서관은 2004년 5월 5일 어린이날에 개관하였다. 2007년 조직개편에 따라 서귀포시 도서관 운영 사무소가 다른 7개의 도서관과 함께 관리·운영하고 있다. 도서관 이용시간은 오전 8시부터 오후 7시까지이며 도서관 전체 규모는 부지면적 2,126㎡, 건축면적 621.77㎡, 연건평 728.21㎡로, 지상 2층 건물이다. 도서관 주요 내부시설로는 열람실을 비롯해 시청각실, 영유아실, 다목적실, 열람실, 영상자료실 등이 있고 소장 자료로는 도서 42,835권, 비도서 3,016점 등 총 45,851건의 자료를 갖추고 있다. 도서관 주요 사업으로 '지역주민을 위한 명사초청 강연', '빛그림 이야기', '도서관 하룻밤 체험', '민속 전래놀이' 등을 진행하고 있다.

제주도 서귀포 기적의 도서관

내용 및 사진출처

SK텔레콤 홈페이지
http://www.sktelecom.com

네이버지식백과. SK텔레콤
http://terms.naver.com/entry.nhn?docId=650568&cid=2054&categoryId=2058

해럴드 경제. 조범자. SK텔레콤오픈, 버디·이글로 도서 기증 행사 화제
http://news.heraldcorp.com/view.php?ud=20130518000078&md=20130521003921_AT

서울경제. 양준호. '이글·버디 852개' SK텔레콤오픈, 서귀포 기적의 도서관에 도서 852권 전달
http://economy.hankooki.com/lpage/sports/201308/e20130822170335118250.htm

연합뉴스. 김호천. SK텔레콤, 서귀포시 기적의도서관에 도서 기증
http://www.yonhapnews.co.kr/bulletin/2013/08/22/0200000000AKR20130822178200056.HTML

도서관을 만드는 아름다운 기업들

네이버 문화재단

- **회 사 명:** 네이버 문화재단
- **주 소:** 경기도 성남시 분당구 황새울로 360번길 42
- **전화번호:** 031-600-6400
- **홈페이지:** www.naverfoundation.org

오늘 나를 있게 한 것은 우리 동네 작은 도서관이었다.
하버드 졸업장보다 소중한 것은 독서하는 습관이다.

– 빌 게이츠

1 NHN과 네이버 문화재단은?

NHN은 우리나라 검색포털을 대표하는 사이트 중 하나로, 국내 최초 어린이 전용 주니어네이버와 온라인 기부포털인 해피빈을 같이 운영하고 있는 인터넷 검색포털 전문기업이다. 또한 검색포털에서 멈추지 않고 스마트폰 어플리케이션 개발을 통해 카메라 어플리케이션인 '네이버카메라'와 모바일 메신저 서비스인 '라인'을 만들어 서비스하였다. 특히 '라인'은 네이버가 해외시장 진출에 있어 비즈니스 기반을 확보하는 데 큰 성과를 냈으며 세계 최고의 인터넷 기업으로 나아가기 위한 글로벌 역량을 갖추게 되었다.

NHN에서 운영하고 있는 네이버 문화재단은 네이버가 온라인에서 다양한 문화를 알리고 바람직한 가치를 만들기 위한 노력을 좀 더 적극적이고 체계적으로 진행하기 위하여 설립되었다.

NHN의 네이버 문화재단은 대한민국의 젊은이들이 책을 통해 꿈을 꾸고 가치 있는 지식을 창출하며 꿈을 실현할 수 있도록 가능성이 있는 젊은 문화 창작활동을 지원하고 있다. 현재 '우리학교마을도서관', 'ON STAGE', 'hello! ARTIST', '어둠 속의 대화' 등 네 가지의 활동을 지원하고 있다. 네이버 문화재단에서 진행하고 있는 사업에 누구나 일시적 또는 정기적으로 온라인 기부를 할 수 있도록 해피로그를 운영하고 있다.

2 우리학교에 있는 마을도서관!

네이버 문화재단에서 지원하는 '우리학교마을도서관'은 학교마을도서관을 지원하고 있다. 학교도서관이 마을의 중심역할을 하는 학교마을도서관이 되어 마을 주민과 학생 모두에게 책을 통해 꿈을 키우고 문화를 나눌 수 있는 공간을 만들어주고자 하였다.

도시에서 멀고 마을이 작아 서점이 드문 지역이나 독서환경이 열악한 농어촌 지역의 초등학교 도서관을 책과 사람의 소중함을 나누고 마을 사람들이 마을의 사랑방으로서 책을 통해 가능성과 희망을 만들어갈 수 있는 공간으로 탄생시켰다.

2005년부터 전국의 학교마을도서관을 지원하여 현재 239개의 도서관을 지원하였으며 학생들과 마을 주민이 이용할 수 있는 도서 3,000여 권을 개관 시 지원해주고 있으며 개관 후에도 도서관이 잘 운영될 수 있도록 다양한 프로그램 등을 지원해주고 있다.

우리학교마을도서관 개관 시 도서를 지원해주는 것뿐만 아니라 지속적으로 '우리학교마을도서관' 웹사이트를 통해 해당 도서관이 어떻게 운영되고 있는지에 대한 운영현황과 프로그램 현황 등을 게시한다. 그리고 활동이 활발한 우리학교마을도서관 중 활성지표에 도달한 도서관을 매달 선정하고, 선정된 모범 학교마을도서관에는 추가로 도서를 지원해준다. 또한 웹사이트에는 '이달의 책 소개' 코너가 있으며, 매달 주제를 정하여 주제에 맞는 주요

도서 4권, 주제관련 추천도서 15권을 추천해 주고 있다.

우리학교마을도서관사업은 '작은도서관만드는사람들'과 함께 진행하며, 네이버가 후원하고 있다. 문화혜택이 취약한 농어촌이나 섬마을 등에 도서관을 개설하고 있는 작은도서관만드는사람들의 사회공헌활동에 도움을 주고 싶다면 '작은도서관만드는사람들 네이버 해피빈(http://happylog.naver.com/readersclub.do)'에 방문하여 해피빈 콩으로 모금함에 기부하면 된다.

창평학교마을도서관

2012년 10월 16일, 네이버 문화재단에서 창평초등학교를 찾았다. 창평초등교에 창평학교마을도서관을 개관한 것이다. 내부 공간은 독특한 특징이 있다. 창호지문으로 포인트를 주어 공간을 나누었다. 영화를 보거나 활동을 할 수 있도록 하고 복층을 만들어 '꿈꾸는 방'이라는 이름을 붙이고 학생들이 상상의 나래를 펼치며 책을 읽을 수 있도록 하였다. 책을 선택하고 고르는 재미가 있는 도서관이라는 느낌이 들게 한 것이다. 사서선생님의 배려와 아이디어가 돋보이는 도서관이다.

창평초등학교 학교마을도서관

오산학교마을도서관

2012년 12월 11일, 전라북도 익산시 오산면에 위치한 오산초등학교에 우리학교마을도서관이 개관했다. 오산초등학교는 전교생이 91명인 작은 학교로, 학교마을도서관이 생기면서 주변 지역주민들과 학생 모두 행복한 학교생활을 할 수 있게 되었다. 네이버 문화재단에서 3,000여 권을 지원해주었다. 오산학교마을도서관 운영시간은 평일엔 오후 4시부터 오후 8시까지로 4시간 동안만 운영하고, 주말에는 오전 9시부터 오후 1시까지 도서관을 운영하여 주말에도 학생들과 지역주민들이 도서관을 마음껏 이용할 수 있도록 하였다.

오산초등학교 학교마을도서관

오산학교마을도서관소식은 네이버 우리학교마을도서관 홈페이지에서 볼 수 있다. 2013년 11월 29일에는 전교생 모두가 동화작가인 신정민 작가선생님을 만날 수 있는 기회를 가졌고 1학년과 2학년은 '툭', 3학년과 4학년은 '빙하가 뚝!', 5학년과 6학년은 '로봇 콩'을 읽었다. 오산학교마을도서관은 네이버 문화재단에서 도서관을 열어준 이후 계속적으로 활발한 활동을 하고 있다.

대중학교마을도서관

경상남도 김해시 대동면에 위치한 대중초등학교에 2012년 10월 30일 학교마을도서관이 문을 열었다. 대중초등학교는 학생수가 총 98명인 작은 학교이다. 네이버에서 마을도서관으로서 학생뿐만 아니라 주민들도 책을 읽을 수 있도록 어린이도서와 일반도서를 적절하게 비치하였다.

대중초등학교 학교마을도서관

대중학교마을도서관은 평일 오전 10시에서 오후 6시, 주말 오전 9시부터 오후 12시까지 운영하고 있으며 마을주민이 다 같이 활용하는 공간인 만큼 주민을 위한 주민독서프로그램을 같이 운영하고 있다.

네이버 문화재단에서 지어준 학교마을도서관은 이상에서 언급한 도서관 외에 240곳에 이르며 그 내용은 다음과 같다.

네이버 문화재단의 우리학교마을도서관 현황

도서관이름	개관일	소재지	지원내용
예미학교마을도서관	2005. 12. 1	강원도 정선군 신동읍 예미리 (현재 폐교)	3,703권
소야도학교마을도서관	2005. 12. 2	인천 옹진군 덕적면 소야리	500권
고성학교마을도서관	2006. 2. 15	강원도 정선군 신동읍 고성2리 예미초등학교 고성분교	900권

도서관이름	개관일	소재지	지원내용
운치학교마을도서관	2006. 2. 15	강원도 정선군 신동읍 운치길 51 예미초등학교 운치분교	700권
안미학교마을도서관	2006. 3. 8	강원도 평창군 대화면 하안미길 11-8 안미초등학교	3,026권
완주고산마을도서관	2006. 3. 9	전라북도 완주시 고산면 고산로 69-13 완주군립고산도서관	3,251권
산양학교마을도서관	2006. 4. 11	강원도 화천군 상서면 영서로 7778 산양초등학교	14,410권
고성송정학교마을도서관	2006. 5. 2	강원도 고성군 거진읍 송용길 12 거진초등학교 송정분교	1,012권
덕풍마을도서관 (더불어 풍경)	2006. 5. 10	강원도 삼척시 풍덕면 덕풍리 덕풍계곡 더불어 풍경	1,039권
금진학교마을도서관	2006. 5. 11	강원도 강릉시 옥계면 금진안길 2 금진초등학교	9,183권
내촌학교마을도서관	2006. 6. 8	강원도 홍천군 내촌면 내촌길 21 내촌초등학교	3,240권
반계학교마을도서관	2006. 7. 5	강원도 원주시 문막읍 원문로 2265 반계초등학교	2,575권
가리산학교마을도서관	2006. 8. 28	강원도 인제시 인제읍 한석산로 1654 인제초등학교 가리산분교	2,353권
장평학교마을도서관	2006. 9. 10	강원도 평창군 용평면 갈정지길 25-43 장평초등학교	2,847권
북일학교마을도서관	2006. 9. 29	전라남도 장성군 북일면 신흥로 574 북일초등학교	3,068권
기린학교마을도서관	2006. 10. 16	강원도 인제군 기린로 76 기린초등학교	3,150권
상신학교마을도서관	2006. 11. 7	충청북도 진천군 이월면 신정길 15 상신초등학교	3,597권
적량학교마을도서관	2006. 11. 30	경상남도 하동군 적량면 관리 정량초등학교	5,353권
황둔학교마을도서관 (생각키움센터)	2006. 12. 21	강원도 원주시 신림면 신림황둔로 1185 황둔초등학교	3,551권
왕산학교마을도서관	2007. 3. 9	강원도 강릉시 왕산면 백두대간로 2011-8 왕산초등학교	4,110권
금구학교마을도서관	2007. 3. 16	충청북도 진천군 이월면 진광로 972-12 금구초등학교	3,516권

도서관이름	개관일	소재지	지원내용
일운학교마을도서관	2007. 4. 3	경상남도 거제시 일운면 지세포리 일운초등학교	208권
장목학교마을도서관	2007. 4. 19	경상남도 거제시 장목면 장목리 장목초등학교	4,157권
구림학교마을도서관	2007. 5. 3	전라남도 영암군 군서면 왕인로 509 구림초등학교	3,641권
구좌중앙학교마을도서관	2007. 5. 18	제주특별자치도 제주시 구좌읍 월정7길 1 구좌초등학교	4,143권
궁촌학교마을도서관	2007. 5. 31	강원도 삼척시 근덕면 궁촌리 궁촌초등학교	2,322권
서정학교마을도서관	2007. 6. 8	전라남도 해남군 송지면 달마로 524 송지초등학교 서정분교	2,530권
제주고산학교마을도서관	2007. 6. 25	제주특별자치도 제주시 한경면 고산로 1길 16 고산초등학교	411권
옥계학교마을도서관	2007. 7. 16	강원도 강릉시 옥계면 옥계로 1074 옥계초등학교	3,010권
연곡학교마을도서관	2007. 7. 23	강원도 강릉시 연곡면 진고개로 2656 연곡초등학교	80권
명사학교마을도서관	2007. 8. 13	경상남도 거제시 남부면 저구리 명사초등학교	3,223권
송화학교마을도서관	2007. 8. 29	강원도 춘천시 사북면 춘화로 510-5 송화초등학교	1,498권
용암학교마을도서관	2007. 8. 31	강원도 화천군 하남면 용화산로 1325 용암초등학교	2,816권
가조학교마을도서관	2007. 9. 2	경상남도 거창군 가조면 마상리 가조초등학교	2,981권
안의학교마을도서관	2007. 9. 14	경상남도 함양군 안의면 당본리 안의초등학교	4,474권
북상학교마을도서관	2007. 9. 21	경상남도 거창군 북상면 갈계리 북상초등학교	2,963권
의성구천학교마을도서관	2007. 10. 5	경상북도 의성군 구천면 소보안계로 1616 구천초등학교	2,806권
앙성학교마을도서관	2007. 10. 11	충청북도 충주시 앙성면 내용2길 38 앙성초등학교	2,710권
보은관기학교마을도서관	2007. 10. 16	충청북도 보은군 마로면 관기송현로 109 관기초등학교	2,868권

도서관이름	개관일	소재지	지원내용
금광학교마을도서관	2007. 10. 26	강원도 강릉시 구정면 금평로 575 금광초등학교	3,890권
청소학교마을도서관	2007. 11. 9	충청남도 보령시 청소면 청소큰길 255 청소초등학교	2,700권
신원학교마을도서관	2007. 11. 16	경상남도 거창군 신원면 과정리 신원초등학교	60권
토산학교마을도서관	2007. 11. 24	제주특별자치도 서귀포시 표현면 토산리 토산중앙로 68-9 토산초등학교	4권
주영학교마을도서관	2007. 11. 28	강원도 강릉시 주문진읍 약수동길 15-12 주영초등학교	4,142권
추풍령학교마을도서관	2007. 12. 12	충청북도 영동군 추풍령면 추풍령로 2길 7 추풍령초등학교	4,638권
수동학교마을도서관	2007. 12. 13	경상남도 함양군 수동면 화산리 수동초등학교	2,894권
주봉학교마을도서관	2007. 12. 20	강원도 홍천군 홍천읍 두루봉1길 16 주봉초등학교	2,152권
가덕학교마을도서관	2008. 1. 22	충청북도 청원군 가덕면 단재로 1448 가덕초등학교	3,421권
제천봉양학교마을도서관	2008. 1. 28	충청북도 제천시 봉양읍 팔송로 59 봉양초등학교	3,003권
함양서상학교마을도서관	2008. 2. 14	경상남도 함양군 서상면 대남리 1769 함양서상초등학교	3,596권
백곡학교마을도서관	2008. 2. 19	충청북도 진천군 백곡면 안구수길 20 백곡초등학교	3,225권
한평학교마을도서관	2008. 2. 28	경상남도 진주시 대평면 대평리 209 한평초등학교	478권
구정학교마을도서관	2008. 3. 12	강원도 강릉시 구정면 범일로 266-14 구정초등학교	3,635권
강정학교마을도서관	2008. 3. 14	제주특별자치도 서귀포시 말질로 188 강정초등학교	3,190권
청룡학교마을도서관	2008. 3. 18	충청북도 음성군 삼성면 대청로 255-22 청룡초등학교	3,200권
현산남학교마을도서관	2008. 3. 21	전라남도 해남군 현산면 입제길 40 현산남초등학교	3,672권
정금학교마을도서관	2008. 3. 27	강원도 횡성군 우천면 경강로 3276 정금초등학교	5,306권

도서관이름	개관일	소재지	지원내용
칠량학교마을도서관	2008. 4. 2	전라남도 강진군 칠량면 영동1길 5 칠량초등학교	130권
문상학교마을도서관	2008. 4. 7	충청북도 진천군 문백면 농다리로 1232 문상초등학교	10,121권
마라학교마을도서관	2008. 4. 11	제주특별자치도 서귀포시 대정읍 가파리 464 가파초등학교	2,200권
백전학교마을도서관	2008. 4. 17	경상남도 함양군 백전면 평정리 백전초등학교	3,482권
장흥학교마을도서관	2008. 4. 21	강원도 철원군 동송읍 태봉로 2017(장흥리) 장흥초등학교	3,114권
사천학교마을도서관	2008. 4. 25	강원도 강릉시 사천면 미노길 46 사천초등학교	4,571권
작천학교마을도서관	2008. 5. 2	전라남도 강진군 작천면 평리 3길 1 작천초등학교	3,408권
유촌학교마을도서관	2008. 5. 9	강원도 화천군 강동면 파로호로 935-9 유촌초등학교	4,295권
용덕학교마을도서관	2008. 5. 21	경상남도 의령군 용덕면 운곡리 용덕초등학교	0권
거류학교마을도서관	2008. 5. 23	경상남도 고성군 거류면 당동리 용덕초등학교	3,998권
동화학교마을도서관	2008. 5. 27	강원도 홍천군 동면 속초길 22 동화중학교	2,229권
안덕학교마을도서관	2008. 5. 29	제주특별자치도 서귀포시 안덕면 화순로 56번길 32 안덕초등학교	3,008권
창천학교마을도서관	2008. 5. 29	제주특별자치도 서귀포시 안덕면 창천중앙로 12 창천초등학교	3,735권
주진학교마을도서관	2008. 6. 4	강원도 평창군 평창읍 서동로 2051-11 주진초등학교	4,254권
위천학교마을도서관	2008. 6. 10	경상남도 거창군 위천면 장기리 위천초등학교	3,675권
줄포학교마을도서관	2008. 6. 25	전라북도 부안군 줄포면 줄포초교길 16 줄포초등학교	3,272권
하남학교마을도서관	2008. 6. 16	강원도 인제군 상남면 내린천로 3195 하남초등학교	10권
마리학교마을도서관	2008. 6. 17	경상남도 거창군 마리면 말흘리 마리초등학교	10,638권

도서관이름	개관일	소재지	지원내용
도암학교마을도서관	2008. 7. 3	전라남도 강진군 도암면 봉황로 10 도암초등학교	0권
방산학교마을도서관	2008. 7. 10	강원도 양구군 방산면 평화로길 5121-7 방산초등학교	9,504권
시종학교마을도서관	2008. 7. 15	전라남도 영암군 시종면 내동 중앙로 17 시종초등학교	4,121권
가회학교마을도서관	2008. 7. 23	경상남도 합천군 가회면 덕촌리 가회초등학교	4,265권
창구학교마을도서관	2008. 8. 11	경상북도 문경시 산북면 금천로 553-12 산북초등학교 창구분교	2,099권
계창학교마을도서관	2008. 8. 13	경상남도 창녕군 계성면 계성리 계창초등학교	3,068권
단계학교마을도서관	2008. 8. 27	경상남도 산청군 신등면 단계리 단계초등학교	18,390권
칠보학교마을도서관	2008. 9. 10	전라북도 정읍시 칠보면 칠보중앙로 130 칠보초등학교	5,140권
강릉성산학교마을도서관	2008. 9. 11	강원도 강릉시 성산면 구산길 15 강릉성산초등학교	6,361권
중동학교마을도서관	2008. 9. 22	전라남도 구례군 산동면 관산구산길 49 중동초등학교	19권
봉현학교마을도서관	2008. 9. 25	경상북도 영주시 봉현면 대촌리 170 본현초등학교	3,711권
지리산학교마을도서관	2008. 10. 6	경상남도 산청군 단성면 호리 523 지리산고등학교	2,177권
진성학교마을도서관	2008. 10. 6	경상남도 진주시 진성면 상촌리 541 진성초등학교	4,049권
대구학교마을도서관	2008. 10. 10	전라남도 강진군 대구면 청자로 1888 대구초등학교	4,107권
유치학교마을도서관	2008. 10. 15	전라남도 장흥군 유치면 유치로 48 유치초중학교	3,872권
녹전학교마을도서관	2008. 10. 21	강원도 영월군 중동면 유전길 3-2 녹전초등학교	3,598권
학림학교마을도서관	2008. 10. 27	경상북도 칠곡군 가산면 학하7길 학림초등학교	2,939권
성남학교마을도서관	2008. 11. 4	강원도 횡성군 횡성읍 횡성로 109 성남초등학교	3,338권

도서관이름	개관일	소재지	지원내용
손불서학교마을도서관	2008. 11. 12	전라남도 함평 손불면 양재길 15 손불서초등학교	3,001권
지곡학교마을도서관	2008. 11. 17	경상남도 함양군 지곡면 개평리 287-1 지곡초등학교	0권
남하학교마을도서관	2008. 11. 17	경상남도 거창군 남하면 무릉리 1290 남하초등학교	3,449권
쌍림학교마을도서관	2008. 11. 24	경상북도 고령군 쌍림면 귀원1길 6 쌍림초등학교	0권
신영학교마을도서관	2008. 11. 27	강원도 강릉시 주문진읍 주문북로 160 신영초등학교	4,384권
어란진학교마을도서관	2008. 12. 1	전라남도 해남군 송지면 어란로 441 어란진초등학교	3,001권
현산학교마을도서관	2008. 12. 1	전라남도 해남군 현산면 현산북평로 98 현산초등학교	3,000권
연당학교마을도서관	2008. 12. 17	강원도 영월군 남면 연당로 17 연당초등학교	3,001권
정선봉양학교마을도서관	2008. 12. 17	강원도 정선군 정선읍 녹송7길 1 봉양초등학교	4,927권
미로학교마을도서관	2008. 12. 23	강원도 삼척시 미로면 미로강변로 1길 10-11 미로초등학교	4,449권
대흥학교마을도서관	2009. 5. 8	전라북도 정읍시 입암면 정읍남로 766 대흥초등학교	3,000권
산외학교마을도서관	2009. 5. 8	전라북도 정읍시 산외면 운전2길 7 산외초등학교	4,531권
자은학교마을도서관	2009. 5. 8	전라남도 신안군 자은면 구영1길 44-36 자은초등학교	3,210권
조성학교마을도서관	2009. 5. 8	전라남도 보성군 조성면 조성로 129-7 조성초등학교	3,449권
약산학교마을도서관	2009. 5. 8	전라남도 완도군 약산면 약산로 351-1 약산초등학교	3,148권
용문학교마을도서관	2009. 5. 8	경상북도 예천군 용문면 금당실길 51-20 용문초등학교	3,414권
의흥학교마을도서관	2009. 5. 8	경상북도 군위군 의흥면 읍내길 67-17 의흥초등학교	3,212권
개령학교마을도서관	2009. 5. 8	경상북도 김천시 개령면 동부길 60 개령초등학교	4,856권

도서관이름	개관일	소재지	지원내용
북촌학교마을도서관	2009. 5. 8	제주특별자치도 제주시 조천읍 일주동로 1481	1,770권
인월학교마을도서관	2009. 5. 21	전라북도 남원시 인월1길 55 인월초등학교	4,030권
동향학교마을도서관	2009. 6. 9	전라북도 진안군 동향면 하양지1길 5 동향초등학교	4,275권
무주구천학교마을도서관	2009. 6. 17	전라북도 무주군 설천면 구천동로 898 구천초등학교	4,388권
고수학교마을도서관	2009. 7. 10	전라북도 고창군 고수면 고수로 93 고수초등학교	3,246권
성산학교마을도서관	2009. 7. 10	전라북도 군산시 성산면 동군산로 39 성산초등학교	3,732권
무풍학교마을도서관	2009. 7. 10	전라북도 무주군 무풍면 대덕산로 926 무풍초등학교	3,843권
부남학교마을도서관	2009. 7. 10	전라북도 무주군 부남면 대소길 10 부남초·중학교	3,544권
삼성학교마을도서관	2009. 7. 10	전라북도 익산시 하나로 15길 17-7 이리삼성초등학교	3,774권
장수학교마을도서관	2009. 7. 10	전라북도 장수군 장수읍 향교길 11-8 장수초등학교	4,454권
이평학교마을도서관	2009. 7. 10	전라북도 정읍시 이평면 말목장터길 5-29 이평초등학교	3,261권
발산학교마을도서관	2009. 7. 10	전라북도 군산시 개정면 바르메길 43 발산초등학교	10,054권
동진학교마을도서관	2009. 7. 10	전라북도 부안군 동진면 동진로 145 동진초등학교	20,117권
봉암학교마을도서관	2009. 7. 10	전라북도 고창군 부안면 인촌로 505 봉암초등학교	8,200권
외궁학교마을도서관	2009. 7. 10	전라북도 진안군 성수면 가외반로 498 진안외궁초등학교	3,038권
계산학교마을도서관	2009. 7. 10	전라남도 강진군 군동면 군동계산길 22 계산초등학교	4,145권
성전학교마을도서관	2009. 7. 10	전라남도 강진군 성전면 예향로 17 성전초등학교	3,145권
마량학교마을도서관	2009. 7. 10	전라남도 강진군 마량면 서중길 42 미량초등학교	3,065권

도서관이름	개관일	소재지	지원내용
금악학교마을도서관	2009. 7. 10	제주특별자치도 제주시 한림읍 금악 남2길 1 금악초등학교	3,846권
신례학교마을도서관	2009. 7. 10	제주특별자치도 서귀포시 남원읍 중산간동로 7116 산례초등학교	3,145권
간문학교마을도서관	2009. 7. 24	전라남도 구례군 간전면 간전중앙로 165 간문초등학교	3,189권
광의학교마을도서관	2009. 7. 24	전라남도 구례군 광의면 광의초교길 23 광의초등학교	3,020권
토지학교마을도서관	2009. 7. 24	전라남도 구례군 토지면 섬진강대로 5038 토지초등학교	213권
반동학교마을도서관	2009. 8. 31	경상남도 창원시 마산합포구 구산면 반동리 411 반동초등학교	3,065권
지정학교마을도서관	2009. 9. 7	경상남도 의령군 지정면 봉곡리 775-1 지정초등학교	3,282권
태룡학교마을도서관	2009. 9. 7	경상남도 밀양시 단장면 태룡리 419 태룡초등학교	4,046권
부림학교마을도서관	2009. 9. 14	경상남도 의령군 부림면 신반리 253-1 부림초등학교	3,120권
유곡학교마을도서관	2009. 9. 14	경상남도 의령군 유곡면 칠곡리 330 유곡초등학교	4,240권
예하학교마을도서관	2009. 9. 18	경상남도 진주시 정촌면 예하리 756-1 예하초등학교	4,803권
남상학교마을도서관	2009. 9. 28	경상남도 거창군 남상면 무촌리 597 남상초등학교	3,295권
신천학교마을도서관	2009. 9. 28	경상남도 김해시 한림면 신천리 662 신천초등학교	3,105권
주상학교마을도서관	2009. 10. 15	경상남도 거상군 주상면 도평리 536 주상초등학교	47,811권
대병학교마을도서관	2009. 10. 16	경상남도 합천군 대병면 회양리 880 대병초등학교	3,199권
황등학교마을도서관	2009. 10. 23	전라북도 익산시 황등면 황금로 17-6 황등초등학교	4,287권
고남학교마을도서관	2009. 10. 29	경상남도 하동군 고전면 전도리 417 고남초등학교	3,364권
산인학교마을도서관	2009. 10. 30	경상남도 함안군 산인면 내인리 204 산인초등학교	3,129권

도서관이름	개관일	소재지	지원내용
선진학교마을도서관	2009. 11. 5	경상남도 사천시 용현면 통양리 108 선진초등학교	3,337권
산이학교마을도서관	2009. 11. 6	전라남도 해남군 산이면 비석길 95-2 산이초등학교	3,045권
지산학교마을도서관	2009. 11. 13	전라남도 진도군 지산면 인지독치1길 21-12 지산초등학교	3,060권
강동학교마을도서관	2009. 11. 19	강원도 강릉시 강동면 단경길 20 강동초등학교	4,312권
암태학교마을도서관	2009. 11. 26	전라남도 신안군 암태면 장단고길 56 암태초등학교	0권
청산학교마을도서관	2009. 11. 27	전라남도 완도군 청산면 청산로 1602-1 청산초등학교	3,040권
사봉학교마을도서관	2009. 12. 3	경상남도 진주시 사봉면 사곡리 993-1 사봉초등학교	3,546권
웅양학교마을도서관	2009. 12. 4	경상남도 거창군 웅양면 노현리 292 웅양초등학교	3,040권
문척학교마을도서관	2009. 12. 11	전라남도 구례군 문척면 수달생태로 270 문척초등학교	3,040권
하도학교마을도서관	2009. 12. 18	제주특별자치도 제주시 구좌읍 일주동로 378 하도초등학교	3,792권
문수학교마을도서관	2010. 2. 5	경상북도 영주시 문수면 문수로 1406번길 15-4 문수초등학교	3,082권
청도덕산학교마을도서관	2010. 2. 11	경상북도 청도군 각북면 덕남길 11-7 덕산초등학교	0권
능교학교마을도서관	2010. 3. 18	전라북도 정읍시 산내면 능교3길 13-5 능교초등학교	3,977권
구산학교마을도서관	2010. 3. 19	충청남도 공주시 유구읍 유구마곡사로 61-1 구산초등학교	3,619권
변산학교마을도서관	2010. 3. 26	전라북도 부안군 변산면 지서1길 11 변산초등학교	3,843권
산서학교마을도서관	2010. 4. 2	전라북도 장수군 산서면 동백로 7 산서초등학교	11,949권
군동학교마을도서관	2010. 4. 7	전라남도 강진군 군동면 석교로 365 군동초등학교	19권
옴천학교마을도서관	2010. 4. 8	전라남도 강진군 옴천면 개산중앙길 12-7 옴천초등학교	2,000권

도서관이름	개관일	소재지	지원내용
경천학교마을도서관	2010. 4. 16	충청남도 공주시 계룡면 신원사로 112 경청초등학교	3,045권
비봉학교마을도서관	2010. 4. 21	전라북도 완주군 비봉면 소농리 513-2 비봉초등학교	3,335권
효포학교마을도서관	2010. 4. 30	충청남도 공주시 전진배길 313 효포초등학교	3,183권
남원산내학교마을도서관	2010. 5. 7	전라북도 남원시 산내면 대정길 99 산내초등학교	3,743권
함창학교마을도서관	2010. 5. 12	경상북도 상주시 함창읍 구향2리 63 함창초등학교	3,806권
안내학교마을도서관	2010. 5. 14	충청북도 옥천군 안내면 현리길 74 안내초등학교	3,414권
동이학교마을도서관	2010. 5. 14	충청북도 옥천군 동이면 평산길 6 동이초등학교	3,423권
초평학교마을도서관	2010. 5. 19	충청북도 진천군 초평면 초동로 143 초평초등학교	4,001권
가천학교마을도서관	2010. 5. 24	경상북도 성주군 가천면 가천로 52 가천초등학교	2,425권
대서학교마을도서관	2010. 6. 3	전라남도 고흥군 대서면 동서로 466 대서초등학교	4,091권
회진학교마을도서관	2010. 6. 4	전라남도 장흥군 회진면 회진남구길 7 회진초등학교	3,000권
가마학교마을도서관	2010. 6. 11	제주특별자치도 서귀포시 표선면 세화2리 일주동로 6285길 8 가마초등학교	3,325권
애월학교마을도서관	2010. 6. 11	제주특별자치도 제주시 애월읍 애월로 139-10 애월초등학교	3,803권
강구학교마을도서관	2010. 6. 25	경상북도 영덕군 강구면 나비산길 8 강구초등학교	3,000권
남양학교마을도서관	2010. 6. 29	전라남도 고흥군 남양면 상와길 40 남양초등학교	3,374권
여수관기학교마을도서관	2010. 6. 30	전라남도 여수시 소라면 관기길 20 관기초등학교	3,997권
압해서학교마을도서관	2010. 7. 7	전라남도 신안군 압해읍 압해로 1336-2 압해서초등학교	2,414권
미봉학교마을도서관	2010. 7. 16	충청북도 영동군 양강면 학산영동로 495 미봉초등학교	3,092권

도서관이름	개관일	소재지	지원내용
문백학교마을도서관	2010. 7. 16	충청북도 진천군 문백면 봉죽길 22 문백초등학교	4,030권
칠산학교마을도서관	2010. 9. 3	경상남도 김해시 화목동 773-1 칠산초등학교	3,959권
구룡학교마을도서관	2010. 9. 8	충청북도 영동군 용산면 용산로 366 구룡초등학교	291권
원남학교마을도서관	2010. 9. 16	충청북도 음성군 원남면 보천로 65번길 22 원남초등학교	10,840권
대강학교마을도서관	2010. 9. 17	충청북도 단양군 대강면 대강로 6 대강초등학교	3,055권
법수학교마을도서관	2010. 10. 1	경상남도 함안군 법수면 윤외리 200 법수초등학교	2,100권
원촌학교마을도서관	2010. 10. 14	전라남도 구례군 산동면 원촌길 123 원촌초등학교	3,580권
해인학교마을도서관	2010. 10. 22	경상남도 합천군 가야면 치인리 1230 해인초등학교	2,148권
삼장학교마을도서관	2010. 10. 29	경상남도 산청군 삼장면 석남리 188 삼장초등학교	2,000권
청천학교마을도서관	2010. 11. 5	전라남도 구례군 마산면 화엄사로 136 청천초등학교	3,384권
남애학교마을도서관	2010. 11. 12	강원도 양양군 현남면 남애리 갯마을길 10 남애초등학교	2,899권
옥봉학교마을도서관	2011. 3. 24	전라북도 군산시 옥서면 옥봉초교길 29 옥봉초등학교	3,789권
사내학교마을도서관	2011. 3. 31	강원도 화천군 사내면 사내로길 3길 13 사내초등학교	3,721권
서석학교마을도서관	2011. 4. 7	강원도 홍천군 서석면 풍암길 58 서석초등학교	11,396권
옥산학교마을도서관	2011. 4. 14	전라북도 군산시 옥산면 여로2길 40 옥산초등학교	3,818권
영원학교마을도서관	2011. 4. 21	전라북도 정읍시 영원면 영원로 1087 영원초등학교	3,690권
춘천서상학교마을도서관	2011. 5. 27	강원도 춘천시 서면 박사로 1348 서상초등학교	3,952권
원천학교마을도서관	2011. 6. 1	전라북도 남원시 주천면 장안리 외평2길 23 원천초등학교	6,846권

도서관이름	개관일	소재지	지원내용
운주학교마을도서관	2011. 6. 2	전라북도 완주군 운주면 운주로 107 운주초등학교	2,344권
동상학교마을도서관	2011. 6. 9	전라북도 완주군 동상면 대아저수로 1525 동상초등학교	2,598권
비금동학교마을도서관	2011. 6. 10	전라남도 신안군 비금면 181-6 비금동초등학교	2,039권
어론학교마을도서관	2011. 6. 21	강원도 인제군 남면 설악로 198 어론초등학교	3,566권
청호학교마을도서관	2011. 6. 22	강원도 속초시 청호로 60 청호초등학교	3,415권
안명학교마을도서관	2011. 7. 8	경상남도 김해시 한림면 안하리 347 안명초등학교	4,563권
화순춘양학교마을도서관	2011. 7. 14	전라남도 화춘군 춘양면 춘양로 124 춘양초등학교	714권
사평학교마을도서관	2011. 7. 15	전라남도 화순군 남면 김삿갓로 3 사평초등학교	3,552권
거제송정학교마을도서관	2011. 7. 19	경상남도 거제시 연초면 송정리 541 송정초등학교	5,276권
미암학교마을도서관	2011. 9. 20	전라남도 영암군 미암면 미중로 61 미암초등학교	2,000권
금성학교마을도서관	2011. 9. 21	전라남도 진도군 군내면 둔전리 금골길 58 금성초등학교	2,000권
제천덕산학교마을도서관	2011. 9. 27	충청북도 제천시 덕산면 약초로 133 제천덕산초중학교	3,250권
한천학교마을도서관	2011. 10. 11	충청북도 진천군 덕산면 초금로 687-2 한천초등학교	3,027권
봉산학교마을도서관	2011. 10. 19	경상남도 합천군 봉산면 김봉리 248-1 봉산초등학교	2,000권
죽리학교마을도서관	2011. 10. 20	충청북도 증평군 증평읍 남하길 233 죽리초등학교	3,000권
아포학교마을도서관	2011. 10. 25	경상북도 김천시 아포읍 아포대로 1067 아포초등학교	3,392권
수정학교마을도서관	2011. 10. 28	충청북도 보은군 속리산면 사내1길 125 수정초등학교	3,303권
북후학교마을도서관	2011. 11. 2	경상북도 안동시 북후면 도장길 339 북후초등학교	3,280권

도서관이름	개관일	소재지	지원내용
양보학교마을도서관	2011. 11. 10	경상남도 하동군 양보면 운암리 251 양보초등학교	2,345권
황간학교마을도서관	2011. 11. 15	충청북도 영동군 황간면 남성1길 25 황간초등학교	3,000권
봉화춘양학교마을도서관	2011. 11. 22	경상북도 봉화군 춘양면 의양로 24-1 춘양초등학교	3,000권
현흥학교마을도서관	2011. 11. 29	경상북도 경산시 압량면 대학로 624 현흥초등학교	3,376권
자천학교마을도서관	2011. 11. 30	경상북도 영천시 화북면 자천리 화북길 75 자천초등학교	3,316권
회현학교마을도서관	2012. 4. 19	전라북도 군산시 회현면 회현로 139 회현초등학교	3,157권
계북학교마을도서관	2012. 5. 11	전라북도 장수군 계북면 문성길 7 계북초등학교	2,100권
밀양산내학교마을도서관	2012. 5. 25	경상남도 밀양시 산내면 송백리 1315 밀양산내초등학교	3,000권
서원학교마을도서관	2012. 5. 31	강원도 횡성군 서원로 173 서원초등학교	2,000권
단성학교마을도서관	2012. 6. 8	경상남도 산청군 단성면 성내리 596-2 단성초등학교	3,000권
부윤학교마을도서관	2012. 6. 28	충청북도 음성군 대소면 신내로 110 부윤학교마을도서관	3,000권
양강학교마을도서관	2012. 6. 29	충청북도 영동군 양강면 학산영동로 817 양강초등학교	2,257권
감물학교마을도서관	2012. 7. 6	충청북도 괴산군 감물면 남양동길 38 감물초등학교	3,038권
다시학교마을도서관	2012. 9. 10	전라남도 나주시 다시면 다시로 203 다시초등학교	3,196권
부용학교마을도서관	2012. 9. 11	전라북도 김제시 백구면 황토로 1030 부용초등학교	2,168권
월평학교마을도서관	2012. 9. 26	전라남도 장성군 황룡면 신월산1길 10번지	3,000권
도덕학교마을도서관	2012. 10. 5	전라남도 고흥군 도덕면 학동1길 16 도덕초등학교	3,000권
창평학교마을도서관	2012. 10. 16	전라남도 담양군 창평면 의병로 173 창평초등학교	3,164권

도서관이름	개관일	소재지	지원내용
대중학교마을도서관	2012. 10. 30	경상남도 김해시 대동면 주동 400-2 대중초등학교	3,000권
오산학교마을도서관	2012. 12. 11	전라북도 익산시 오산면 오산로 38 오산초등학교	3,181권

3 네이버 문화재단이 다녀간 후

네이버 문화재단에서는 '우리학교마을도서관'을 지은 이후 일어난 변화에 대해 조사하였는데, 우리학교마을도서관이 건립된 후 일어난 많은 변화 중 독서량 변화와 도서관에 접근하는 시간의 변화가 가장 큰 변화로 꼽히고 있다.

우리학교마을도서관, 한 달 독서량이 늘어났어요!

우리학교마을도서관의 개관 이전에는 한 달 독서량이 2.77권이었다. 하지만 우리학교마을도서관의 개관 이후 독서량이 5.06권으로 나타나 약 2.29권의 독서량이 증가한 것을 볼 수 있었다.

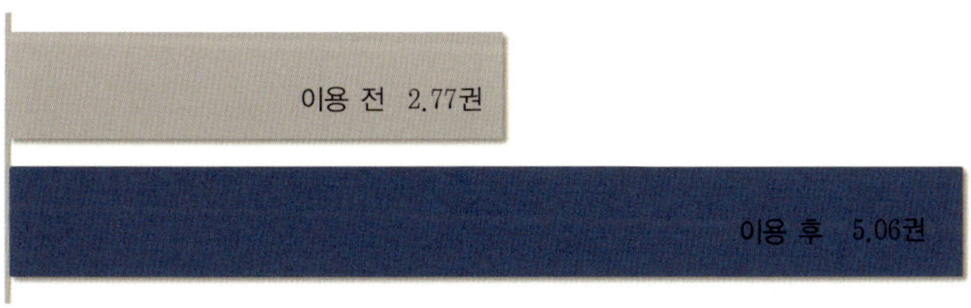

^ 한 달 평균 독서량 변화

도서관이 가까워졌어요!

우리학교마을도서관은 농촌지역, 소외지역 등 도서지역의 학교에 개관을 하여 도서관 이용이 어려운 소외이웃들이 정보를 얻고 상상의 나래를 펼칠 수 있는 많은 기회를 제공하였다. 하루 대부분의 시간을 농사를 짓는 등의 일을 하는 데 보내기 때문에 책을 보기 위해 먼 곳으로 가던 시간을 절약할 수 있게 되었다. 우리학교마을도서관은 학교 학생들만 이용하는 평범한 학교 도서관이 아니라 남녀노소 누구나 이용이 가능한 마을도서관으로서의 역할도 수행하고 있다.

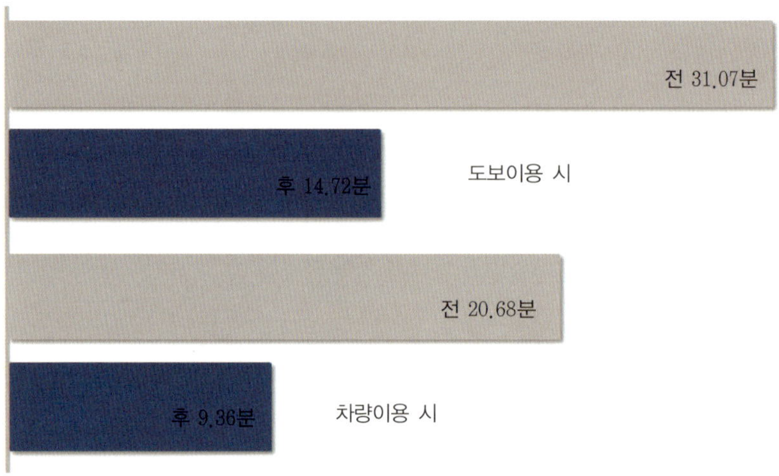

도서관 접근성 변화

우리학교마을도서관이 생겨나면서 지역주민의 60% 이상이 '네이버 우리학교마을도서관'이 책을 접할 기회를 제공하는 주요 접근경로라고 대답했다. 우리학교마을도서관은 학생들을 위한 공간일 뿐만 아니라 주민들을 위한 공간이기도 하기 때문에 적절한 환경이 조성된 것이다. 또한 책만 보는 것이 아니라 사랑방의 역할을 하면서 모임의 장소나 문화프로그램의 장이 되기도 한다.

우리학교마을도서관이 지어지면서 독서량이 증가하였고, 폐교위기의 학교를 살리는 등 네이버 문화재단이 큰 기여를 했다고 평가된다.

4 대법원은 무엇을 하는 곳일까?

네이버 문화재단을 운영하고 있는 NHN에서는 대법원과 2013년 2월 4일, '국민소통 강화를 위한 포괄적 업무협약'을 맺어 대법원 판례를 네이버에서 검색이 가능하도록 하고 지속적으로 업데이트될 수 있게 하였다. 또한 국민참여재판 안내와 법문화 강좌영상, 항소심 안내 등 사법부가 각종 동영상자료를 네이버에 제공하여 공개하기로 하였다.

또한 네이버 문화재단은 전국 각지에 설치한 '우리학교마을도서관'에 대법원이 제작한 초등학생용 법 교육교재를 500권 제공하였다. 학생들은 다소 생소하거나 어렵게 느낄 수 있는 법을 대법원이 제작한 책을 통해 쉽게 배울 수 있게 되었다.

NHN과 대법원 업무협약 체결

내용 및 사진출처

NAVER CORPORATION 홈페이지
http://www.navercorp.com/ko/index.nhn
네이버 문화재단 홈페이지
http://www.naverfoundation.org
우리학교마을도서관 네이버 홈페이지
http://lovebook.naver.com/service/schoolvillibarary/LibraryMain.nhn
작은도서관 만드는 사람들 네이버 해피빈
http://happylog.naver.com/readersclub.do
법률신문. 좌영길. 네이버에서 대법원 판례 검색하세요
http://www.lawtimes.co.kr/LawNews/NEwsAccs/ArticlePrint.aspx?serial=72095
파이낸셜뉴스. 조윤주. '네이버 우리학교마을도서관'8년간 239곳에 설립
http://news.naver.com/main/tool/print.nhn?oid=014&aid=0002785734
아시아경제. 김철현. [착한기업]NHN, '콩'한조각의 나눔
http://www.asiae.co.kr/news/print.htm?idxno=2011081609223565006&udt=1

도서관을 만드는 아름다운 기업들

뉴스킨 코리아

- **회 사 명**: 뉴스킨 코리아
- **주　　소**: 서울시 강남구 삼성동 147-17 빌딩 레베쌍트
- **전화번호**: 1588-1440
- **홈페이지**: www.nuskinkorea.co.kr

Great hopes make great men.
큰 희망이 큰 사람을 만든다.

\- 토마스 풀러

1 뉴스킨은?

뉴스킨 코리아가 속한 뉴스킨 엔터프라이즈는 세계적인 화장품 브랜드이다. 그 중에서도 스킨케어에 가장 중점을 두고 스킨케어 기술에 대한 전문적인 개발에 주력하고 있다. 해외에서 피부와 관련한 피부학, 민속 식물학, 영양학, 화장품학 등의 박사들이 연구를 지속하여 지속적인 뉴스킨의 스킨케어 제품을 생산해내고 있다.

뉴스킨 엔터프라이즈는 세계적으로 선의의 힘을 실천하여 더 나은 세상을 만들어가는 것을 기업의 아름다운 가치로 삼고 전 세계 53개 매장을 두고 끊임없이 노력하고 있다. 1984년 처음 뉴스킨 인터내셔널이 미국 유타주 프로보에 설립되었으며 국내의 뉴스킨 코리아는 1996년에 설립되었다. 2006년부터 10주년을 맞이해 'The Difference. Demonstrated - 아름다운 차이'라는 경영 철학을 바탕으로 소비자 삶의 질적 향상을 위해 노력하고 있으며 정직과

신뢰를 기반으로 건전한 비즈니스 문화에 힘쓰고 있다. 뉴스킨 코리아는 프리미엄 스킨케어 '뉴스킨'과 건강기능식품 '파마넥스', 첨단 테크놀로지 '빅 플래닛' 이렇게 세 개의 독립적인 브랜드 마케팅 전략을 펼치고 있으며 'Nu Skin Force for Good Foundation'을 설립하여 지역사회의 어려움과 이웃의 고통을 나누고 발전하기 위한 사회공헌활동을 하고 있다.

2 뉴스킨 희망도서관

뉴스킨 엔터프라이즈는 전 세계적으로 선의의 힘이 되고자 하는 열망으로 '뉴스킨 포스 포 굿 재단(Nu Skin Force for Good Foundation)'을 설립하여 다양한 사회공헌활동을 진행하고 있다. 미국에서 비영리재단으로 등록되어 있으며 뉴스킨 엔터프라이즈가 재단의 운영비를 전액 지원하여 도움을 필요로 하는 사람들에게 전달한다. 포스 포 굿 재단의 나눔활동은 건강과 교육, 경제적인 기회제공, 재난구호 등 네 가지 가치를 중심으로 어린이들의 미래를 위한 환경조성과 방향을 제시한다. 인간의 삶의 질을 향상시키고 환경을 보호하여 아이들에게 더 좋은 환경을 만들어주는 것을 사명으로 하고 있다. 이러한 사명을 위하여 2008년 3월 충청북도의 안내초등학교에 소외지역 어린이를 후원하기 위한 도서관 기증사업의 1호 희망도서관을 개관하였다. 안내초등학교의 도서관을 시작으로 지방의 소외된 초등학교 아이들이 꿈과 희망을 펼칠 공간을 만들어 주기 위하여 해마다 두 학교를 선정해 뉴스킨 포스 포 굿 후원회 기금으로 도서관을 선물하고 있다.

뉴스킨 로고와 뉴스킨 포스 포 굿 재단 로고

뉴스킨 코리아에서 진행하고 있는 '뉴스킨 희망도서관'사업은 매년 2개의 학교를 선정하여 희망도서관을 설립하고 있으며 현재까지 13개의 뉴스킨 희망도서관을 개관하였다. 희망도서관 설립 프로젝트는 단기적으로 끝나는 것이 아니라 지속적으로 꾸준히 진행되고 있다. 도서 산간지역에 도서관을 지어주면서 지식격차를 해소하고 독서교육이 잘 이루어지도록 노력하여 희망도서관은 어린이와 주민들에게 말 그대로 희망을 전달해주는 '희망도서관'인 셈이다. 지역의 IT사랑방으로서 학생들이 오순도순 책을 읽고 자신의 삶을 닦아나갈 수 있을 것이다.

뉴스킨 희망도서관 5호 '새롬이 도서관'

2010년 9월 9일, 평택의 죽백 초등학교에 도서관이 생겼다. 죽백초등학교에 지어진 희망도서관 '새롬이 도서관'은 학교 본관 1층에 원래 있던 도서관을 새롭게 꾸며 정보검색 장비와 롤 스크린, 빔프로젝터, 책걸상과 개인 사물함, 음향장비 등의 멀티미디어 시설을 지원하여 도서관에서 더 다양한 교

새롬이 도서관을 이용하는 학생들의 모습

육을 할 수 있게 되었다. 아이들에게 이런 시설을 만들어주기 위해서 뉴스킨 코리아 회원들이 자발적으로 설립한 '뉴스킨 포스 포 굿 후원회'에서 기부한 것이다.

뉴스킨 희망도서관 13호 '반딧불 도서관'

뉴스킨 희망도서관 13호 반딧불 도서관은 경기도 양평의 단월초등학교에서 2013년 9월 5일 개관하였다. 단월초등학교는 유치원생부터 초등학생 6학년까지 총 94명의 학생이 다니고 있는 작은 농촌지역 초등학교이다.

^ 뉴스킨 코리아 유병석 대표와 함께 책을 읽고 있는 단월초등학교의 학생들

뉴스킨 희망도서관은 최신식 정보화 시스템으로 구성하여 교실을 개조하고 리모델링 공사를 하여 빔 프로젝트, 롤스크린, LCD TV 터치스크린 등의 멀티미디어 시스템과 책상, 의자, 도서를 지원하고 있다.

현재까지 개관한 뉴스킨 희망도서관은 다음과 같다.

뉴스킨 희망도서관 현황

도서관 이름	개관일	소재지
뉴스킨 희망도서관 1호 안내초등학교 도서정보실	2008. 3. 6	충청북도 옥천군 안내면 현리길 74 안내초등학교
뉴스킨 희망도서관 2호 문광초등학교 꿈나래 도서관	2008. 3. 7	충청북도 괴산군 문광면 괴산로 3446 문광초등학교
뉴스킨 희망도서관 3호 어란진초등학교 드림 도서관	2008. 9. 23	전라남도 해남군 송지면 어란로 441 어란진초등학교
뉴스킨 희망도서관 4호 숭산초등학교 꿈바라기 도서관	2009. 3. 5	경상남도 합천군 가야면 매안대전길 18-6 숭산초등학교
뉴스킨 희망도서관 5호 죽백초등학교 새롬이 도서관	2010. 9. 9	경기도 평택시 죽백1길 41 죽백초등학교
뉴스킨 희망도서관 6호 실내초등학교 누리 도서관	2010. 2. 24	강원도 화천군 사내면 명월2리 실내초등학교
뉴스킨 희망도서관 7호 대기초등학교 큰 터 도서관	2010. 9. 24	충청남도 태안군 원북면 대기길 12-1 대기초등학교
뉴스킨 희망도서관 8호 벽량초등학교 DREAM 도서관	2011. 3. 9	전라북도 김제시 부량면 대평2길 99 벽량초등학교
뉴스킨 희망도서관 9호 창수초등학교 반송정 도서관	2011. 9. 5	경상북도 영덕군 창수면 신기리 106 창수초등학교
뉴스킨 희망도서관 10호 송학초등학교 꿈키움 도서관	2012. 3. 6	충청북도 제천시 송학면 시곡포전로 7 송학초등학교
뉴스킨 희망도서관 11호 백초초등학교 풀빛 도서관	2012. 9. 21	전라남도 여수시 돌산읍 돌산로 백초초등학교
뉴스킨 희망도서관 12호 대의초등학교 아이좋은 도서관	2013. 3. 6	경상남도 의령군 대의면 대의로 31-6 대의초등학교
뉴스킨 희망도서관 13호 단월초등학교 반딧불 도서관	2013. 9. 5	경기도 양평군 단월면 보룡길 65 양평단월초등학교

3 변화모습

실내초등학교 희망도서관 6호 내부모습

백초초등학교 희망도서관 11호 개관식과 내부모습

내용 및 사진출처

뉴스킨 코리이 홈페이지
http://www.nuskinkorea.co.kr
뉴스킨 코리아 홈페이지 회사홍보
http://www.nuskinkorea.co.kr/pr/pr02.asp
이코노믹 리뷰. 손예술. 뉴스킨 코리아, 단월초에 희망도서관 선물
http://www.econovill.com/wp-print.php?id=118075
뉴시스. 윤시내. [뉴시스아이즈]뉴스킨 코리아, 아이들 위한 '희망도서관' 전달
http://www.newsis.com/article/print.htm?ar_id=NISX20130930_0012397789&type=1

도서관을 만드는 아름다운 기업들

동서식품 & 스타벅스 디스커버리즈

- **회 사 명:** 동서식품 & 스타벅스 디스커버리즈
- **주 소:** 서울특별시 마포구 도화동 546번지 동서빌딩
- **전화번호:** 02-3271-0114
- **홈페이지:** www.dongsuh.co.kr
  www.mystarbucksmoment.com

In the highest civilization, the book is still the highest delight. He who has once known its satisfactions is provided with a resource against calamity.

가장 발전한 문명사회에서도 책은 최고의 기쁨을 준다.
독서의 기쁨을 아는 자는 재난에 맞설 방편을 얻은 것이다.

– 랄프 왈도 에머슨

1 동서식품 & 스타벅스 디스커버리즈는?

다양한 계열의 커피제품과 커피크리머, 녹차, 시리얼, 벌꿀, 치즈, 비스킷 등 최고 품질의 제품들로 한국 식품 문화의 선진화를 선도해 오고 있는 동서식품은 끊임없는 투자와 연구 개발로 고객만족을 위해 최선을 다하는 기업이다. 동서식품은 '생활 속에 향기를 더하는 동서식품'이라는 기업슬로건처럼 소비자에 대한 서비스 차원에서 국민의 정서 개발에 도움을 주는 각종 문화활동을 활발히 전개하고 있다. 동서식품은 재단법인 '동서식품 장학회'를 설립하여 기업이익의 일부를 사회에 환원하고 유능한 인재 양성을 돕고 있으며, 또한 사회문화적 활동의 참여 및 선도를 통해 기업이윤의 사회환원을 실천하고 기업의 사회봉사 인식을 기업문화로 구축해 나가고 있다.

동서식품 사회공헌활동

동서식품은 동서장학회, 삶의 향기 동서문학상, 맥심커피배 입신최강전, 동서커피클래식, 맥심 사랑의 향기, 스타벅스 드림 라이브러리, 사회봉사 등의 사회공헌활동을 하고 있다.

2006년 9월, 스타벅스는 국내에서 처음으로 동서식품과의 협력관계를 통해 커피 애호가들에게 프라푸치노 병커피를 선보였다. 그 결과 현재 편의점, 슈퍼마켓, 대형할인점 등에서 스타벅스 더블샷 에스프레소® 음료와 스타벅스 디스커버리즈® 냉장 컵커피를 판매하여 어디서나 스타벅스 커피점의 에스프레소 로스트 커피를 즐길 수 있게 되었다. 스타벅스 디스커버리즈® 병, 컵, 캔 커피 제품은 국내에서 동서식품과의 협력을 통해 생산 및 판매되고 있으며 많은 소비자의 사랑을 받고 있다. 스타벅스 디스커버리즈® 꿈의 도서관 프로그램은 스타벅스 국제 소비상품그룹이 2008년 한국에서 처음 시작한 사회공헌활동으로 스타벅스 병, 컵, 캔 커피를 제조·판매하는 파트너사 동서식품과 함께 진행하고 있다.

동서식품과 스타벅스 로고

2 스타벅스 디스커버리즈® 꿈의 도서관이란?

동서식품(주)는 파트너사 스타벅스 커피컴퍼니와 함께 '스타벅스 셰어드 플래닛(함께 나누는 지구, Starbucks™ Shared Planet™)' 사업의 일환으로 도서 후원 프로그램인 '스타벅스 디스커버리즈® 꿈의 도서관'을 한국에서 진행하고 있다. 스타벅스 디스커버리즈® 꿈의 도서관 프로그램은 스타벅스 디스커버리즈® 브랜드의 국내 첫 사회공헌활동으로 그동안 받아온 소비자의 사랑을 지역사회에 환원하는 동시에 독서의 소중함을 널리 알리고자 하는 도서 후원 프로그램이다.

Starbucks™ Shared Planet™

스타벅스 디스커버리즈® 꿈의 도서관 프로그램은 수익의 일부를 지역사회에 환원하고자 하는 취지에서 마련되었으며 '작은도서관만드는사람들'과 함께 협력하여 산간벽지, 농어촌, 섬마을 사람들을 위해 도서를 지원하고 마을도서관의 활성화를 돕는 데 기여하고 있다.

스타벅스 디스커버리즈® 꿈의 도서관은 스타벅스 소비상품그룹이 한국에서 세계 최초로 진행하는 사회공헌활동이어서 그 의미가 더욱 크다. 스타벅스 디스커버리즈® 꿈의 도서관 프로그램은 책이 가져다주는 풍부한 지식과 배움의 행복을 함께 나누고, 미래의 희망인 어린아이들에게 꿈과 희망을 키워주기 위해 지속되고 꾸준히 발전해가고 있다.

3 스타벅스 디스커버리즈® 꿈의 도서관은 어디에 있을까?

^ 지역별 스타벅스 디스커버리즈 꿈의 도서관 현황

스타벅스 디스커버리즈® DISCOVERIES® 꿈의 도서관

회차	수혜학교
제1회 꿈의 도서관	제주 시흥초등학교
제2회 꿈의 도서관	충청북도 청원군 강내초등학교
제3회 꿈의 도서관	강원도 정선초등학교
제4회 꿈의 도서관	강원도 강릉시 송양초등학교
제5회 꿈의 도서관	전라북도 순창군 옥천초등학교
제6회 꿈의 도서관	제주시 애월읍 물메초등학교

스타벅스 디스커버리즈® 꿈의 도서관 프로그램은 2013년 12월 현재 6개의 도서관을 지원하였다. 6개의 도서관은 제주 시흥초등학교, 강내초등학교, 정선초등학교, 송양초등학교, 옥천초등학교, 물메초등학교로 다음과 같은 지원을 받았다.

제주 시흥초등학교

스타벅스 디스커버리즈® 꿈의 도서관의 첫 번째 수혜학교는 제주 시흥초등학교였다. 스타벅스 디스커버리즈®는 2008년 11월 도교육청의 후원으로 새롭게 개관한 제주 시흥초등학교 마을도서관에 영어책 200권을 포함한 3,300여 권의 도서를 전달하였다. 이로써 시흥마을도서관은 동화부터 문화서적, 교양서적, 영문도서 등 다양한 연령층을 위한 도서를 구비하게 되었으며, 학생들은 물론 지역주민들은 언제든 다양한 종류의 도서를 무료로 볼 수 있게 되었다.

기증식에는 「쏭내관의 궁궐기행」의 저자인 송용진 작가와 학생들이 함께 하였고, 문화강연 및 동화구연 등의 문화행사나 백일장을 개최하는 등 많은 행사를 마련하였으며 독서의 중요성을 교육하고 독서를 장려하는 귀한 시간을 가졌다.

제주 시흥초등학교 스타벅스 디스커버리즈® 꿈의 도서관 개관식

강내초등학교

스타벅스는 2009년 두 번째 수혜학교로 충청북도 청원군 강내초등학교를 선정하여 총 3,827권의 도서를 기증하였다. 특히 강내초등학교는 1928년에 개교한 이래 현재 140여 명의 학생들에게 도서교육의 중요성을 알리고자 매일 아침 40분씩 선생님과 함께 독서하는 '사제동행 책읽기운동' 프로그램을 운영하고 있었다. 이번 도서 기증으로 재학생들은 물론 지역주민들이 함께 사용하는 마을도서관으로서의 역할에 도움이 될 것이라 기대된다.

도서기증식에는 학생들을 위한 책 잔치가 열렸으며 책 만들기, 동화 속 주인공 되기, 책갈피 만들기, 소원책 만들기, 영상동화 보기 등의 프로그램을 통해 아이들과 독서의 중요성에 대해 다시 생각해보는 소중한 시간도 가졌다.

강내초등학교 스타벅스 디스커버리즈® 꿈의 도서관 개관식

정선초등학교

스타벅스는 2010년 세 번째 수혜대상으로 강원도 정선초등학교를 선정해 학교도서관에 영어책 200권을 포함 총 3,200권의 도서를 전달했다. 또한 국·영문 어린이용 도서 및 학습용 참고서적, 문학서적, 교양서적 등 다양한

종류의 도서를 기증하여 정선초등학교 학생들은 물론 지역주민들도 도서관 개방시간에 방문하면 언제든 다양한 도서를 마음껏 볼 수 있게 되었다.

정선초등학교에서 열린 기증식에는 스타벅스 데럴 김 이사, 동서식품 김창수 전무 및 지역 인사 내빈들과 학부모 및 마을주민들이 대거 참석한 가운데 도서기증식이 개최되었으며, 학생들의 축하공연이 열렸다. 특히 학생들을 위한 다채로운 문화행사가 열려 국내 그림책 작가 1세대 대표주자인 권윤덕 작가가 직접 집필한 책을 읽어주고 학생들과 대화를 나누는 '작가와의 만남' 시간을 가졌다. 이 밖에도 '꿈이 자라는 나무 심기', '동화 캐릭터 되어보기', '손수건 만들기', '영상 그림책 보기', '나만의 책갈피 만들기' 등의 다양한 문화 프로그램을 진행하여 책을 활용한 체험활동과 책 읽기의 즐거움을 알려주는 계기를 만들었다.

^ 정선초등학교 스타벅스 디스커버리즈® 꿈의 도서관 개관식

송양초등학교

스타벅스와 동서식품은 2011년 네 번째 수혜대상 학교로 강원도 강릉시 성산면에 위치한 송양초등학교를 선정하였으며 '작은도서관만드는사람들'과

협력해 도서 기증 프로그램을 진행하였다.

송양초등학교는 원래 전교생이 20~30명 정도인 작은 규모의 학교였지만, 학부모와 동창생, 교사들이 '찾아오는 학교'로 만들기 위해 노력한 결과 '외국어특성화학교'로 지정되었으며, 현재는 80여 명의 학생들이 재학 중이다. 전교생은 하루에 한 시간씩 영어수업을 받고 있으며, 일주일에 한 번씩은 중국어와 일본어를 배우고 있다.

이에 스타벅스 디스커버리즈Ⓡ와 동서식품은 11월 2일 진행한 도서기증식에서 약 3,300여 권의 도서를 학교 측에 전달했다. 또한 송양초등학교가 외국어특성화학교이니만큼 기증 도서 중에 외국어 도서를 비롯한 시청각 자료들을 포함, 어린이들이 외국어 공부를 하는 데에 좀 더 유용하게 활용할 수 있도록 했다. 얼마 전 증축 및 새 단장을 마친 송양초등학교 도서관은 지역 주민들도 도서관 개방시간에 방문하면 언제든 다양한 도서를 마음껏 볼 수 있도록 하였다.

송양초등학교 스타벅스 디스커버리즈Ⓡ 꿈의 도서관 개관식

옥천초등학교

스타벅스와 동서식품은 2012년 다섯 번째 수혜대상 학교로 전라북도 순창군에 위치한 옥천초등학교를 선정하였으며, 비정부기구인 '작은도서관만드는사람들'과 협력을 하여 도서 기증 프로그램을 진행하였다.

옥천초등학교는 11월 14일 도서기증식에서 약 2,000여 권의 도서를 전달받았고, 학생들이 준비한 축하공연 등 다채로운 문화행사를 진행했다.

전교생이 60명인 옥천초등학교는 최근 도서관 새 단장을 마쳐 어린이들이 편안한 공간에서 독서를 즐길 수 있도록 했다. 이번 지원으로 새롭고 다채로운 도서들을 구비하여 부모님 맞벌이 등의 사정으로 인해 혼자 집에서 보내야 하거나 늦은 시간까지 학교에 머무르는 학생들이 더욱 적극적으로 도서관을 이용할 수 있게 되었다.

옥천초등학교 스타벅스 디스커버리즈® 꿈의 도서관을 이용하는 학생들

물메초등학교

스타벅스와 동서식품은 2012년 여섯 번째 수혜대상 학교로 소박하고 따뜻한 제주시 애월읍에 위치한 물메초등학교를 선정하였다. 물메초등학교는 올

해로 개교 45주년을 맞이한 그림같이 작고 예쁜 학교이다. 물메초등학교는 제주지역 농촌학교이자 자율학교로, 학생들에게 1인 1악기 배우기, 영어수업, 독서교육 등 다양한 교육프로그램을 지원함으로써 미래사회를 이끌 창의력과 인성을 갖춘 인재로 기르고자 노력하고 있다. 또한 전교생 81명을 대상으로 독서발표회, 독서포인트제 등의 다양한 독서관련 행사 및 프로그램을 운영하고 있다. 이를 통해 학생들은 독서를 생활 속에서 습관화하고 있을 뿐 아니라, 자유로운 분위기에서 창의적인 지식과 다양한 정보를 습득해 왔다. 하지만 학교도서관이 보유한 도서 가운데는 낡고 오래된 책이 많아 폐기 및 새로운 도서구입이 필요한 실정이었다.

2013년 11월, 제6회 스타벅스 디스커버리즈® 꿈의 도서관의 수혜학교로 제주물메초등학교가 선정되었고, 도서를 기증하기 위하여 스타벅스 디스커버리즈에서 이벤트를 진행하였다.

제6회 스타벅스 디스커버리즈® 꿈의 도서관을 위한 이벤트

스타벅스 디스커버리즈®는 12월 9일 열린 도서관 개관식에서 2,000여 권의 도서 기증과 함께 학생들과 마을주민들을 위한 다양한 문화행사를 진행하였다. 이날 개관행사에는 전교생 및 학부형, 지역 인사뿐만 아니라 스타벅스 중국·아시아태평양지역 마케팅 매니저 안젤리크 사빈(Angelique Sabin), 스타벅스 병, 컵, 캔 커피 제품의 국내 제조 및 판매사인 동서식품 김창수 부사장, 그리고 작은도서관만드는사람들 김수연 대표 등이 참석했다.

중국·아시아태평양지역의 마케팅 매니저인 안젤리크 사빈(Angelique Sabin)은 스타벅스는 앞으로도 문화적 혜택이 상대적으로 적은 지역의 어린이들이 미래에 대한 긍정적이고 열정적인 비전을 키워나갈 수 있도록 꿈의 도서관 프로그램을 한국에서 꾸준히 발전시켜 나갈 계획이라고 밝혔다.

물메초등학교 스타벅스 디스커버리즈® 꿈의 도서관 개관식

내용 및 사진출처

동서식품 홈페이지
http://www.dongsuh.co.kr
스타벅스 디스커버리즈® 홈페이지
http://www.mystarbucksmoment.com
스타벅스 홈페이지
http://www.istarbucks.co.kr
스타벅스 디스커버리즈® 꿈의 도서관 블로그
http://starbucksdiscoverieslibrary.net/120202019847
네이버 지도
http://map.naver.com
머니투데이. 강동완. '스타벅스 디스커버리즈 꿈의 도서관' 개관
http://news.mt.co.kr/mtview.php?no=2012111415405470160&type=1
EBN. 최밍키. 스타벅스, '강원 정선초'에 도서 3천권 기증
http://www.ebn.co.kr/news/n_view.html?id=462067
EBN. 최용선. 스타벅스, 제주 물메초등학교에 여섯 번째 마을 도서관 개관
http://www.ebn.co.kr/news/n_view.html?id=648351

루이비통

- 회 사 명: 루이비통(Louis Vuitton)
- 전화번호: 02-3432-1854
- 홈페이지: www.louisvuitton.kr

A good book is a great friend.
좋은 책은 좋은 친구다.

– 미국 속담

1 루이비통은?

루이비통은 시계, 가방, 의류, 신발, 선글라스 등을 제작하고 판매하는 프랑스의 세계적인 명품 패션브랜드 기업이다. 1854년 프랑스 파리에서부터 시작된 이 기업은 현재 150여 년 동안 사업이 이어져오고 있으며 창업자 '루이비통'의 이름을 사용하고 있다. 처음 창업 당시 루이비통이 유명하게 된 계기가 가방이었던 만큼 다양한 모양의 가방을 만들어 판매하고 있으며, 유명인사의 트렁크나 FIFA 월드컵 트로피 트렁크 등은 루이비통의 첫 번째 아니에르 지역의 공방에서 특별주문을 받아 제작하기도 하였다. 1997년부터 2013년까지는 마크 제이콥스가 아트디렉터 및 크리에이티브 디렉터로 합류하여 좀 더 젊은 이미지의 브랜드 상품을 만들어 냈다. 현재 다양한 사회공헌활동을 진행하기 위해 노력하고 있으며 베푼 만큼 더 큰 패션브랜드로 성장해 나갈 수 있을 것이다.

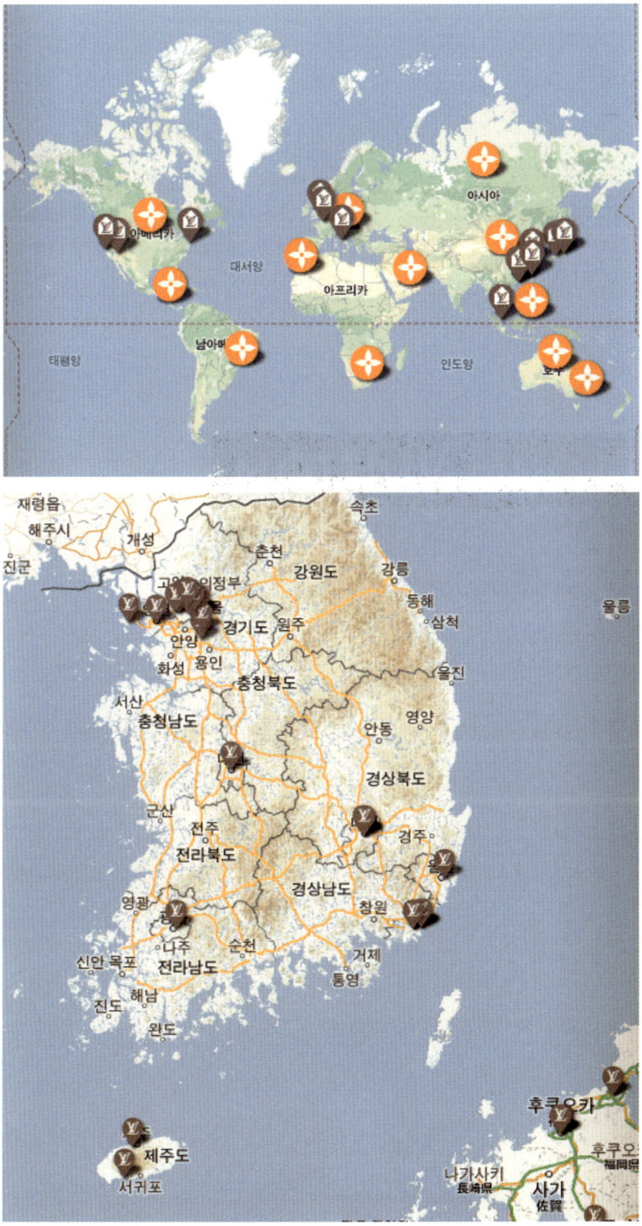

^ 세계 루이비통 매장과 대한민국 루이비통 매장(독도 제외)

2 SOS어린이마을과 함께

루이비통의 기업 가치는 환경과 브랜드보호, 사회공헌으로 이루어진다. 그 중 사회공헌부분에서는 사회와의 파트너십으로 지식전달에 힘쓰고 있다. SOS어린이마을을 위한 기부는 파트너십에 해당하며 같은 길을 함께 걸어가는 사람으로서 장차 리더가 될 잠재력을 가진 어린이들과 지역주민들에게 도움을 주어 그들이 그들 자신과 우리 모두의 미래를 탄탄하게 다질 수 있도록 돕는다. 이러한 기부는 평화롭고 적절한 환경에서 일찍부터 배울 수 있는 기회를 주는 교육에 집중되어 있다.

루이비통과 한국SOS어린이마을 로고

SOS어린이마을 인터내셔널(SOS Children's Villages International)은 1949년 설립되어 고아가 된 아이들이나 부모와 떨어지는 등의 아픔을 가진 아이들을 위해 마련된 어린이들을 위한 마을로서 도움이 필요한 아동들을 돕는다. 전 세계적으로 133개국에 SOS어린이마을이 자리하고 있으며 우리나라에는 1960년대 처음 들어와 서울, 순천, 대구 등에 위치하여 상처입거나 갈 곳 없는 아이들을 위한 곳으로 자리 잡았다. 또한 이 아이들이 사회에 나가서 사회의 일원으로서 일어설 수 있도록 자립할 수 있는 환경을 만들기 위해 노력하고 있다. 루이비통은 2011년 SOS어린이마을 인터내셔널과 5년간 전 세계 활동을 함께하기로 하였다. 루이비통 코리아는 한국SOS어린이마을과 2011년 10월 협약식을 체결한 후 각 어린이마을별로 다양한 지원을 하였다. 서울의 SOS어린이마을에는 치료실 개·보수, 순천에는 차량지원, 대구에는 해바라기 도서관 건립을 지원하였다.

해바라기 도서관

대구의 한국SOS어린이마을에 어린이를 위한 도서관 '해바라기 도서관'이 생겼다. 루이비통에서 SOS어린이마을의 어린이들과 지역의 주민들이 지식을 쌓고 창의력과 상상력을 기르는 기회를 가질 수 있도록 만든 도서관으로 해바라기 도서관이 지어진 대구의 한국SOS어린이마을은 세계적인 비정부기구 단체인 SOS어린이마을 중 하나이다.

이 도서관은 대구SOS어린이마을의 친구들과 그 주변지역의 주민들이 이용할 수 있도록 만든 공간이다. 루이비통에서는 65평 정도 규모의 도서관을 만들어 루이비통 코리아 직원들이 기증한 도서 612권과 도서관에 구비된 9,000여 권의 장서를 갖추어 아이들이 공부하는 데 필요한 자료와 공간을 활용할 수 있도록 하였다.

도서관은 대구광역시 동구 검사동 974-2 SOS어린이마을 내에 위치하고 있다. 루이비통이 선물한 해바라기 도서관에 가기 위해서는 지하철 1호선 동촌역에서 내려 4번 출구로 나와 우체국 방향으로 200m 정도 걸으면 된다.

3 변화모습

해바라기 도서관 내부

해바라기 도서관 개관기념 테이프 커팅식

루이비통 아시아퍼시픽 사장과 해바라기 도서관 아이들

내용 및 사진출처

루이비통 홈페이지
http://www.louisvuitton.kr
한국SOS어린이마을 홈페이지
http://www.koreasos.or.kr
대구SOS어린이마을 홈페이지
http://daegu.koreasos.or.kr
아주경제. 강규혁. 루이비통, 대구SOS어린이 마을에 '해바라기 도서관' 개관
http://www.ajunews.com/util/popPrint.php?nid=20120524000577
조선비즈. 진중언. [사랑&나눔][LOUIS VUITTON] 아동 도서관 건립 · 어학연수… 미래의 일꾼 키운다
http://biz.chosun.com/svc/news/printContent1.html?type=
스포츠조선. 전상희. 루이비통 대구SOS어린이마을 도서관 개관
http://sports.chosun.com/news/news.htm?id=201205250100208990015586&ServiceDate=20120525

도서관을 만드는 아름다운 기업들

메리케이 코리아

- **회 사 명:** 메리케이 코리아
- **주 소:** 서울시 강남구 삼성동 159-9 도심공항 타워 12층
- **전화번호:** 02-540-7770
- **홈페이지:** www.marykay.co.kr

Live always in the best company when you read.

독서할 때 당신은 항상 가장 좋은 친구와 함께 있다.

– 시드니 스미스

1 메리케이는?

메리케이는 '여성의 삶을 풍요롭게'라는 기업이념을 가지고 설립된 여성전용 코스메틱 브랜드이다. 미국 텍사스주 댈러스에 처음 설립되었으며 현재 미국을 비롯한 북미, 남미, 유럽, 아시아 등 35개 이상의 국가로 뻗어나가며 글로벌 기업으로서의 위상을 펼치고 있다. 메리케이 코리아는 메리케이의 10개 전략지사 중 하나로, 다양한 사회공헌활동으로 글로벌 사회공헌 캠페인인 '아름다운 실현'의 목적을 가지고 '핑크 드림 후원 프로그램', '세계 봉사의 달', '환경보호활동', '글로벌 사회공헌활동'을 지속적으로 진행하고 있다.

2 분홍색 꿈을 꾸다, 핑크드림 후원 프로그램

메리케이 코리아에서 진행하고 있는 '핑크드림 후원 프로그램'은 2008년부터 어린이들의 삶에 아름다운 변화를 주기 위한 프로그램이다. 이 사회공헌 프로그램은 일정 기간 동안 메리케이에서 정한 상품을 1개 판매할 때마다 1,000원씩 적립하여 여성과 어린이들의 삶을 변화시키기 위해 희망도서관을 설립해준다. 2008년 5월 1일부터 2008년 말까지는 메리케이 '애플베리 크림 립스틱'의 판매 수익금으로 장애아동 및 결손가정 아이들의 교육기회 및 복지를 위해 사용하여 도서관 설치 및 도서지원 등을 하였다. 2010년에는 '인스퍼레이션 핑크', 2011년 '기브조이'와 '기브드림스', 2012년 '누리샤인 플러스 립글로스 파서빌러티즈', 2013년은 6월 1일부터 12월 31일까지 사회공헌 제품으로 '누리샤인 플러스 립글로스 셀러브레이트'를 선택하여 후원을 지속하고 있다.

메리케이에서 2013년 사회공헌 제품으로 선정한 '누리샤인 플러스 립글로스 셀러브레이트'는 단독으로 사용하거나 립스틱 위에 덧발라 입술에 윤기를 더해주고 입술을 도톰하게 보이고 싶을 때에는 중앙부위에만 살짝 바를 수 있는 제품이다.

메리케이 글로벌 사회공헌 캠페인을 위해 국내에 들어오지 않은 크림 앤 슈거 제품과 메리케이코리아의 베스트 셀러 제품인 핑크 파르페컬러를 혼합하여 은은하게 반짝이는 펄과 함께 어떤 피부 톤에도 잘 어울리는 핑크 컬러를 만들었다. 이 제품에서 두 가지 색상이 혼합됨을 보여주는 소용돌이무늬는 50주년을 축하하면서 기존의 두 가지 색상이 하나의 새로운 색상으로 탄생됨을 시각화하여 재미와 흥미를 불러일으키고자 한 것이라고 한다.

2008 사회공헌 립스틱
'애플베리 크림립스틱'

2010 사회공헌 립스틱
'인스퍼레이션 핑크'

2011 사회공헌 립스틱
'기브조이'

2011 사회공헌 립스틱
'기브드림스'

2012 사회공헌 립스틱
'누리샤인 플러스 립글로스
파서빌러티즈'

2013 사회공헌 립스틱
'누리샤인 플러스 립글로스
셀러브레이트'

메리케이 사회공헌 제품

핑크드림도서관

메리케이코리아는 지금까지 24곳의 사회복지시설에 '핑크드림도서관'을 지어주었으며 그 중 '초록우산 어린이재단'이라는 어린이를 위한 재단과 MOU를 체결하여 '초록우산'에서 운영하는 아동보호 전문기관 및 사회복지관 등 약 10개의 사회복지시설에 도서관을 지어주었다. 각 도서관마다 메리케이 코리아가 지원하는 부분은 리모델링 및 도서지원이다.

제주종합사회복지관

제주종합사회복지관은 초록우산 어린이재단에서 운영하고 있는 복지관으로, 핑크드림도서관 9호가 개관된 사회복지기관이다. 핑크드림도서관은 제주종합사회복지관 4층에 위치하고 있으며 복지관 근처 지역아동들이 도서관을 이용하며 문화적 욕구충족과 책을 읽을 뿐만 아니라 꿈을 꾸고 성장해 나가는 공간으로서 제주종합사회복지관 부설기관의 역할을 해내고 있다.

복지관 안 핑크드림도서관은 독서열람장을 작성한 후 책을 읽고 도서관 프로그램에 참여할 수 있도록 하고 있으며 월요일에서 토요일, 오전 10시부터 오후 5시까지 무료로 이용할 수 있다. 도서관에서는 신문 활용교육(N.I.E) 프로그램을 운영하여 아이들이 신문을 통해 정보력을 높이고 논리력을 키울 수 있도록 도와주고 있다.

^ 제주종합사회복지관의 핑크드림도서관 모습

현재까지 개관한 핑크드림도서관은 다음과 같다.

핑크 드림도서관 현황

도서관 이름	개관일	소재지
핑크드림도서관 1호	2008. 8. 28	경기도 광주시 초월읍 경수길 25 삼육재활원 2층
핑크드림도서관 2호	2008. 10. 31	서울특별시 은평구 응암 2동 224 선덕원
핑크드림도서관 3호	2008. 12. 11	경기도 안양시 만안구 예술공원로 117번길 32 안양의 집
핑크드림도서관 4호	2009. 9. 3	경기도 광주시 초월읍 산수로 554번길 59-14 한사랑마을
핑크드림도서관 5호	2009. 10. 28	부산광역시 부산동구복지관
핑크드림도서관 6호	2009. 10. 28	부산광역시 부산복지관
핑크드림도서관 7호	2009. 12. 4	광주광역시 서구 내방로 216번길 광주아동보호전문기관
핑크드림도서관 8호	2009. 12. 4	광주광역시 북구 오치동 912-1 광주종합사회복지관
핑크드림도서관 9호	2010. 8. 12	제주특별자치도 제주시 도남로 121 제주종합사회복지관
핑크드림도서관 10호	2010. 8. 18	대전광역시 서구 정림동 99-2 후생학원
핑크드림도서관 11호	2010. 11. 23	대구광역시 남구 대명2동 남구복지관
핑크드림도서관 12호	2010. 11. 23	충청남도 천안시 서북구 쌍용대로 289-25 천안성정종합사회복지관
핑크드림도서관 13호	2011. 2. 23	전라남도 순천시 삼산로 92-5 전남아동보호전문기관
핑크드림도서관 14호	2011. 2. 23	경상남도 진주시 진양호로 125번길 4-1 진주평거복지관
핑크드림도서관 15호	2011. 7. 8	서울특별시 강서구 등촌3동 704 주공아파트 9단지 등촌9종합사회복지관
핑크드림도서관 16호	2011. 8. 30	강원도 동해시 송정동 1042 복지회관 2층 꽃망울지역아동센터
핑크드림도서관 17호	2011. 11. 14	전라북도 군산시 나운3동 1242-9 신광모자원
핑크드림도서관 18호	2011. 11. 14	전라북도 정읍시 태평7길 74-6 정읍애육원
핑크드림도서관 19호	2012. 8. 21	경기도 의정부시 화평지역아동센터
핑크드림도서관 20호	2012. 10. 24	충청북도 청원군 옥산면 환희리 29-8 충북혜능보육원
핑크드림도서관 21호	2012. 10. 24	충청북도 청주시 상당구 영운천로 12-1 청주복지관

핑크드림도서관 22호	2012. 12. 7	경기도 평택시 합정동 829 합정주공3단지 합정종합사회복지관
핑크드림도서관 23호	2013. 9. 2	경기도 남양주시 와부읍 덕소리 458-3 남부희망케어센터
핑크드림도서관 24호	2013. 10. 30	경상남도 합천군 묘산면 산제리 38-60 희망지역아동센터

2013년 9월에는 2008년에 설립된 세 도서관 중 낙후된 2곳에 운영비를 지원하여 시설 개·보수 및 신규 도서 구입에 활용하였다.

메리케이 코리아와 함께하는 일러스트레이터 밥장

메리케이 코리아는 일러스트레이터 '밥장(Bob Chang)'과 함께 2012년 핑크드림도서관 19호점부터 벽화를 그려주는 재능기부를 하고 있다. 그의 본명은 장원석이며 연세대학교 경제학과를 전공하였다. 회사원으로 생활하다 2007년부터 주목받기 시작하였고, 다양한 분야의 서적을 집필하기도 하였다. '밥장의 에피파니(http://blog.naver.com/jbob70)'라는 블로그를 운영하고 있으며 블로그에는 밥장이 핑크드림도서관에 재능기부한 일러스트가 포스팅되어 있다.

핑크드림도서관 19호점 밥장(뒤)과 노재홍 대표(앞)

2013년은 메리케이가 창립 50주년이기 때문에 24호점 벽화 재능기부를 할 때 메리케이의 사회공헌 제품인 '셀러브레이트'를 뜻하는 '축하, 기념'을 주제로 벽화를 그렸다. 또, 아이들도 자유롭게 공간을 채울 수 있도록 빈 벽에 공간을 남겨 두었는데, 이런 부분에서 밥장의 세심한 면을 엿볼 수 있다.

3 변화모습

핑크드림도서관 9호점 개소식

핑크드림도서관 12호점 변화모습

핑크드림도서관 20호, 21호 개관

핑크드림도서관 24호점. 벽화는 밥장의 작품

내용 및 사진출처

메리케이 코리아 홈페이지
http://www.marykay.co.kr
초록우산 어린이재단 홈페이지
www.childfund.or.kr
초록우산 어린이재단 천안성정종합사회복지관 홈페이지
http://www.childfund-sungjung.or.kr
초록우산 어린이재단 제주종합사회복지관 홈페이지
http://www.childfund-jeju.or.kr
장밥 블로그 '장밥의 에피파니'
http://blog.naver.com/jbob70
제주일보. 좌동철. '꿈나무에 희망 주는 최고 선물은 도서관'
http://www.jejunews.com/news/articlePrint.html?idxno=664866
일간스포츠. 유아정. 메리케이, 경남 합천에 핑크드림도서관 24호점 개관
http://isplus.live.joins.com/news/article/article.asp?total_id=13010403&cloc
뷰티한국. 최지홍. 메리케이, 청원·청주에 '핑크 드림 도서관'
http://beauty.hankooki.com/news/articleView.html?idxno=4081

도서관을 만드는 아름다운 기업들

신한카드

- **회 사 명:** 신한카드
- **주　　소:** 서울특별시 중구 소공로 70 POST TOWER
- **전화번호:** 1544-7000
- **홈페이지:** www.shinhancard.com

내가 우울한 생각의 공격을 받을 때
내 책에 달려가는 일처럼 도움이 되는 것은 없다.
책은 나를 빨아들이고 마음의 먹구름을 지워준다.

– 미셸 드 몽테뉴

1 신한카드는?

금융의 힘으로 세상을 이롭게 한다는 '따뜻한 금융'을 미션으로 삼아 대한민국의 1등 금융브랜드로 확립하기 위한 목표를 지닌 신한카드는 고객중심과 주인정신, 변화주도, 상호존중, 최고지향을 핵심가치로 삼고 있는 금융기업이다. 2007년 신한카드와 구 LG카드가 통합하여 현재까지 서비스 역량과 변화를 주도하는 신한카드만의 브랜드 가치를 바탕으로 신용판매, 현금서비스 및 오토리스, 카드론 대출, 할부금융서비스 등의 사업을 하고 있다.

신한카드에서는 대표적으로 '아름人'이라는 이름을 내세워 사회공헌에 힘쓰고 있으며 신한카드를 이용하는 고객들 중 기부를 원하는 사람들이 기부에 적극 참여할 수 있도록 홈페이지를 만들어 운영하고 있다. 아름人 홈페이지에서 운영하고 있는 신한아름다운카드는 국내 유일한 기부전용카드로서, 카드 사용 시 기부전용 아름人 포인트가 적립되며 5천 원의 연회비가 있다.

« 신한카드 기부전용카드

2 신한카드 아름人도서관 지원사업

● 아름人도서관 사업의 의미

신한카드에서 진행하고 있는 '아름人도서관' 지원사업은 '아/름/人'이라는 신한카드의 사회공헌 프로그램의 브랜드로서, 함께 만드는 아름다움을 모토로 신한카드의 사회공헌활동을 대표하며 그 중 도서관을 지원하는 사업이다. 지역아동센터의 열악한 학습공간과 도서환경을 개선하여 아이들의 꿈에 날개를 달아주는 프로젝트이다. 소외지역의 저소득층 아동 및 청소년들에게 권장도서를 읽을 수 있도록 책을 지원해주고 독서환경을 조성하여 정서적인 안정을 도모하며 올바른 독서생활 습관을 형성하여 꿈과 창의력, 상상력과 같은 전인적인 자아성장을 위한 토대를 마련하는 데 목적이 있다.

신한카드에서는 '아름人도서관'에 아동 및 청소년의 권장도서 지원과 친환경 학습환경개선, 도서전산화시스템 및 온라인 커뮤니티를 지원하며 대학생을 선발하여 대학생 북멘토 봉사단을 통해 독서지도프로그램을 지원한다.

아름人도서관 도서지원사업

다양한 읽을거리를 제공하고 책과의 거리감을 줄이며 올바른 독서생활습관을 형성하고, 꿈과 상상력, 창의력 등 자아성장을 위한 토대를 마련하기 위해 권장도서를 지원한다. 지역아동센터별 약 1,000권의 권장도서를 보급하며 수준과 학년에 맞는 도서와 추천도서를 지원한다. 또한 독서를 장려하기 위해 온라인으로 독서감상문 등 이벤트를 진행한다.

친환경인테리어 & 도서관리 전산프로그램 지원

아름人도서관은 친환경 소재를 활용하여 쾌적한 독서환경을 조성하고 있다. 아동의 정서적 안정감을 위한 맞춤 인테리어 디자인을 위하여 친환경 소재로 인테리어를 구성하고 벽지와 장판은 무해한 소재를 사용하였으며 시력을 보호할 수 있는 조명을 활용하였다. 또한 지역아동센터의 노후된 학습기구 역시 교체해주고 있다.

센터의 체계적인 도서관리와 온라인 커뮤니티 활동지원, 지속적인 독서프로그램이 이루어질 수 있도록 하기 위하여 도서관리 전산프로그램을 제공한다. 또한 센터 간 온라인 커뮤니티를 지원하며 효과적인 도서관활용 및 교육콘텐츠를 제공하기도 한다.

대학생 북멘토 봉사단

아동들의 올바른 독서습관 태도를 길러주기 위해 대학생 봉사단을 파견하여 매주 1회 독서지도 프로그램이 이루어질 수 있게 한다. 대학생 북멘토 봉사단은 활동기간을 정하여 홈페이지를 통한 온라인접수를 받고 서류전형과 면접에 합격해야 봉사단으로 활동할 수 있다. 대학생 북멘토 봉사단은 독서코칭교육 참여, 매주 1회 지역아동센터 방문, 워크숍 및 독서캠프 참여, 활동후기로 홈페이지와 SNS를 통한 커뮤니티활동 등의 여러 활동을 한다. 대학생 북멘토 봉사단에 참여할 경우 신한카드에서 임명장을 발급해주며 활동비를 지급한다. 또한 신한카드의 문화·공연 콘텐츠와 외부특강을 제공하고

VMS를 통해 자원봉사활동 인증서를 발급해주고 있다. 자원봉사를 하기 위해서는 기본적으로 신한카드 홈페이지 회원으로 가입되어 있어야 한다.

아름人도서관에 신청하기 위해서는 먼저 모집기간 동안 온라인 신청 및 UCC와 동영상 사연접수를 한다. 그러면 서류심사와 현장심사를 거쳐 발표 후 6개월 내에 지원을 받을 수 있다. 도서관이 들어갈 4~6평의 공간을 필요로 한다.

아름人홈페이지

아름人홈페이지(https://arumin.shinhancard.com)에 가면 아름人도서관에 있는 도서목록을 확인할 수 있으며 도서명, 저자, 출판사, ISBN으로 검색할 수 있다. 또한 매달 세 권의 책을 추천도서로 소개한다. 따라서 누구나 아름人도서관에 무슨 책이 있는지 검색해 볼 수 있다.

신한카드 기부캠페인

신한카드에서는 2013년 3월 6일, 아름人홈페이지를 통해 신한카드 고객의 이름으로 아름人도서관을 지어주는 기부캠페인을 연중 상시 운영하여, 모금액 1,500만 원을 돌파할 때마다 고객의 명의로 고객이 추천하는 곳에 아름人도서관을 지원한다. 참여를 위해서는 ARS와 스마트폰 어플리케이션인 '스마트신한'을 통한 기부, 아름人홈페이지를 통한 기부를 할 수 있다. 신한카드는 작은 금액이지만 티끌 모아 태산이라는 말처럼 작은 손길을 모아 열악한 환경에서 공부하며 꿈을 키우는 아이들에게 도서관을 지어주고, 나눔문화를 퍼트리는 말 그대로 아름다운 기업이다.

경남 남해군에 위치한 농촌 마을

남해대교로 연결된 도서지역

관광지역임에도 불구하고
마을은 곳곳이 낙후해 있습니다

마을에 거주하는 아동은 점점 줄어들고

공부하며 뛰어놀던 학교는 하나둘 폐교가 되었습니다

방과 후 아이들은 많은 시간을 밖에서 보냅니다

이런 아이들에게 지역아동센터는
학교를 제외한 유일한 교육공간입니다

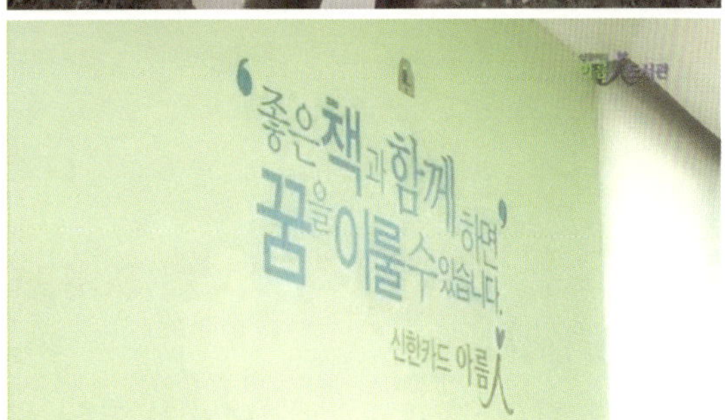
'좋은 책과 함께 하면
꿈을 이룰 수 있습니다.'
신한카드 아름人

아름人도서관 홍보영상 남해로뎀지역아동센터

3 어디에 도서관이 있을까?

우리나라 전국에 퍼져 있는 아름人도서관은 2013년 11월 현재 지역아동센터 및 병원의 소아병동까지 344개에 이른다.

⌃ 지역별 아름人도서관 현황

전국 아름人도서관 현황

희망찬 미래를 밝히는
아름인도서관 아름人

서울/인천/강원	73
경기	47
경북/경남/대구/울산/부산	80
전북/전남/광주	76
충북/충남/대전	52
제주	5
총 지원센터 개수	**333**

아름人도서관 현황

도서관 이름	소재지
실로원지역아동센터	경기도 김포시 북변동 221-31 2층
장기지역아동센터	경기도 김포시 장기동 123-3
양곡지역아동센터	경기도 김포시 양촌면 석모리 815-4
화도행복한홈스쿨지역아동센터	경기도 남양주시 화도읍 창현리 472-1 화도교회 1층
새날공부방(새날지역아동센터)	경기도 부천시 원미구 도당동 271-12
희망찬지역아동센터	경기도 하남시 덕풍2동 356-1 4층(시민약국건물)
희망스토리	경기도 양주시 광적면 광석리 4-7 덕천빌딩 2층
효도공부방 지역아동센터	경기도 포천시 신읍동 215
화도평화지역아동센터	경기도 남양주시 화도읍 묵현리
행복플러스지역아동센터	경기도 부천시 원미구 중동 770-16
한숲지역아동센터	경기도 안양시 만안구 안양9동 969-13
하늘꿈지역아동센터	경기도 안산시 단원구 선부2동 1032-3 2층
하나지역아동센터	경기도 안산시 상록구 사2동 1375-1
참좋은지역아동센터	경기도 수원시 권선구 탑동 748-11 102호
참다운꿈터지역아동센터	경기도 의정부시 신곡동 164-28
징검다리지역아동센터	경기도 안산시 상록구 본오2동 777-15 2층

도서관 이름	소재지
진건지역아동센터	경기도 남양주시 진건읍 용정리 757-1 세아상가 201
은혜지역아동센터	경기도 성남시 수정구 태평2동 3363 3층
원미1동 우리배움터	경기도 부천시 원미구 원미1동 60-8 수진빌딩 2층
와부지역아동센터	경기도 남양주시 와부읍 덕소2리 412
연천지역아동센터	경기도 연천군 연천읍 차탄리 60-27
안산열린교실반월동지역아동센터	경기도 안산시 상록구 건건동 625-1 2층
안민희망둥지	경기도 안양시 만안구 안양2동 822-39 3층
안녕지역아동센터	경기도 화성시 안녕동 37-156 3층
아이들웃음터지역아동센터	경기도 동두천시 생연동 820-33 3층
아름다운지역아동센터	경기도 양주시 백석읍 오산리 558-1
소망지역아동센터	경기도 광주시 오포읍 고산리 293-1 소망교회
세광지역아동센터	경기도 안산시 상록구 사1동 1319-20 2층
성산지역아동센터	경기도 부천시 원미구 도당동 42-4
선단지역아동센터	경기도 포천시 선단동 27-4
샬롬지역아동센터	경기도 부천시 원미구 중동 905-3
새희망지역아동센터	경기도 광명시 하안3동 52-1 3층
새기쁨지역아동센터	경기도 파주시 문산읍 문산리 86-3
사랑지역아동센터	경기도 의정부시 호원동 247-37
사랑샘지역아동센터	경기도 고양시 일산서구 가좌동 394-1
부천지역아동센터	경기도 부천시 소사구 송내2동 630-2
반석지역아동센터	경기도 고양시 덕양구 행신동 756-8
밀알지역아동센터	경기도 화성시 우정읍 조암리 373-19
두리하나지역아동센터	경기도 화성시 남양동 556 2층
동안지역아동센터	경기도 안양시 동안구 관양동 1388 2층
달팽이지역아동센터	경기도 안양시 만안구 안양6동 441-25
다정한지역아동센터	경기도 부천시 원미구 역곡2동 33-5 함지빌딩 2층 11호
늘푸른지역아동센터	경기도 남양주시 진건읍 용정리 767
꿈이크는지역아동센터	경기도 남양주시 화도읍 묵현리 575-2
꿈이자라는지역아동센터	경기도 파주시 탄현면 축현리 485-3 마을회관 2층
꿈꾸는숲지역아동센터	경기도 평택시 합정동 903-10
꽃보리 광주푸른학교 지역아동센터	경기도 광주시 역동 134-9 3층

도서관 이름	소재지
나눔플러스지역아동센터	서울특별시 도봉구 쌍문3동 123-61 2층
열린지역아동센터	서울특별시 중랑구 망우동 163-27
베다니꿈나무지역아동센터	서울특별시 양천구 신월1동 243-35 2층
나무와숲지역아동센터	서울특별시 양천구 목2동 506-17 한라빌딩 1층
흑석지역아동센터	서울특별시 동작구 흑석동 명수대현대아파트 B상가 402호
영성방과후교실 지역아동센터	서울특별시 동작구 상도3동 296-2 영성교회 內
지구촌지역아동센터	서울특별시 구로구 구로동 1132-57 2층
조원지역아동센터	서울특별시 관악구 조원동 563-73
나웃아카데미 지역아동센터	서울특별시 강북구 수유2동 219-4 2층
송천동 지역아동센터	서울특별시 강북구 송천동 860-4 3층
좋은사람들지역아동센터	서울특별시 강서구 화곡동 1057-4 2층
신나는지역아동센터	서울특별시 노원구 중계본동 27 우암타운 301호
한서지역아동센터	서울특별시 양천구 신월5동 51-3
푸른나래지역아동센터	서울특별시 양천구 신월3동 45-8 일성빌딩 3층
참좋은지역아동센터	서울특별시 관악구 신림12동 587-23
중랑재미지역아동센터	서울특별시 중랑구 망우1동 402-90
조이스터디지역아동센터	서울특별시 성동구 마장동 444-4 3층
예지아동센터	서울특별시 구로구 오류2동 165-3 2층
염광지역아동센터	서울특별시 동대문구 전농2동 43-5 염광 지역아동센터 빛나는 집
씨앗지역아동센터	서울특별시 도봉구 도봉1동 560-7 부성빌딩 202호
솔로몬지역아동센터	서울특별시 중랑구 망우동 352-51
성동좋은이웃 지역아동센터	서울특별시 성동구 용답동 20-1 2층
서진교회부설 서진 지역아동센터	서울특별시 마포구 상암동 상암월드컵1단지 아파트 2-1 상가 201, 202, 206호
샘터지역아동센터	서울특별시 강동구 명일동 305-3 3층
샘물지역아동센터	서울특별시 관악구 봉천8동 1528-7
새솜지역아동센터	서울특별시 구로구 구로5동 43-4 다솜아파트 상가 4층
상도푸른지역아동센터	서울특별시 동작구 상도4동 212-104
사과나무열림터 지역아동센터	서울특별시 성동구 행당2동 308-3 2층

도서관 이름	소재지
비타민지역아동센터	서울특별시 강북구 미아4동 54-156 2층
비젼학교 지역아동센터	서울특별시 강남구 일원동 689 서보빌딩 110호
나눔야학	서울특별시 노원구 공릉동 687-8
등대지역아동센터	서울특별시 중구 중림동 삼성사이버아파트 상가2동 901, 902호
꿈터지역아동센터	서울특별시 성동구 금호동2가 421-4
꿈마을지역아동센터	서울특별시 관악구 봉천동 888-34호 2층
우리동네 희망마을	인천광역시 부평구 산곡동 58-3 2층 우리동네 희망마을
푸른나무교실지역아동센터	인천광역시 동구 송림2동 55-22번지 새마을금고 2층
서로사랑하는지역아동센터	인천광역시 서구 마전동 581-11
인천보라매아동센터	인천광역시 중구 운북동 797-1
솔로몬지역아동센터	인천광역시 연수구 선학동 391-3 2층
큰사랑지역아동센터	인천광역시 부평구 청천2동 5-5 영진상가 201호
남동지역아동센터	인천광역시 남동구 간석2동 142-8 2층
화도마리지역아동센터	인천광역시 강화군 화도면 상방리 767
강화 월곶 아름다운 학교	인천광역시 강화군 강화읍 월곶리 135-2
효성지역아동센터	인천광역시 계양구 효성동 195-8 면하빌딩 2층
효성사랑지역아동센터	인천광역시 계양구 효성1동 뉴서울 1차아파트 99-11 상가 2층
행복한꿈나무지역아동센터	인천광역시 남구 주안2동 1417-26
해와달지역아동센터	인천광역시 동구 화수동 37-210 2층
웃음꽃지역아동센터	인천광역시 남동구 구월1동 1189
열매지역아동센터	인천광역시 강화군 강화읍 용정리 681-7
심곡지역아동센터	인천광역시 서구 심곡동 238 오륜빌딩 301호
산곡지역아동센터	인천광역시 부평구 산곡1동 87-320 2층
만수행복지역아동센터	인천광역시 남동구 만수4동 66-2
금창지역아동센터	인천광역시 동구 금곡동 50-15
관교지역아동센터	인천광역시 남구 관교동
태백성공회 신나는집	강원도 태백시 상장동 120-22
드림지역아동센터	강원도 강릉시 주문진읍 교항6리 70번지
동신꿈나무지역아동센터	강원도 동해시 쇄운동 86-4

도서관 이름	소재지
동점마을지역아동센터	강원도 태백시 동점동 72-9
하늘땅지역아동센터	강원도 고성군 거진읍 거진리 272-64
참사랑지역아동센터	강원도 강릉시 연곡면 영진리 356-1
마중물지역아동센터	강원도 동해시 망상동 노봉안길7
푸른초장지역아동센터	강원도 원주시 일산동 238-1
푸른솔지역아동센터	강원도 원주시 우산동 159-13 2층
임마누엘지역아동센터	강원도 춘천시 효자2동 704
임계지역아동센터	강원도 정선군 임계면 송계리 710-1
은혜지역아동센터	강원도 춘천시 효자3동 40-27
원주열린지역아동센터	강원도 원주시 단구동 727
에벤에셀지역아동센터	강원도 춘천시 후평3동 871 1층
시민지역아동센터	강원도 동해시 천곡동 989-4
비탈에선나무지역아동센터	강원도 영월군 영월읍 하송리 27-1 대한아트빌 104호
대흥지역아동센터	강원도 동해시 효자동 467-12
관설지역아동센터	강원도 원주시 관설동 1730-12
거문지역아동센터	강원도 평창군 진부면 거문리 214-3
새순지역아동센터	충청북도 음성군 음성읍 평곡리 910-3
남이지역아동센터	충청북도 청원군 남이면 척북리 74-11 수정상가 2층 201호
부윤지역아동센터	충청북도 음성군 대소면 부윤리 143-3
사리지역아동센터	충청북도 괴산군 사리면 방축리 283-1 사리복지회관 2층
청보리지역아동센터	충청북도 음성군 음성읍 평곡리 964-1
한빛교실지역아동센터	충청북도 청주시 흥덕구 복대 1동 45-5
엄정지역아동센터	충청북도 충주시 엄정면 미내리 162-2
아이들세상지역아동센터	충청북도 충주시 교현1동 404-13 2층
씨앗지역아동센터	충청북도 음성군 소이면 중동리 1109-6 새마을복지회관 2층
사랑나눔지역아동센터	충청북도 청주시 흥덕구 수곡1동 67-14 2층
별방지역아동센터	충청북도 단양군 영춘면 장발리 220-1
동산지역아동센터	충청북도 청주시 흥덕구 신봉동 347-4 3층

도서관 이름	소재지
남청주지역아동센터	충청북도 청주시 상당구 금천동 117-5 우수빌딩 3층 301호
꿈구는씨앗지역아동센터	충청북도 청주시 상당구 금천동 90-1 3층
광성지역아동센터	충청북도 청주시 흥덕구 수곡2동 두진백로아파트 상가2동 201호
경희지역아동센터	충청북도 청주시 상당구 용암동 2195 2층
청꿈지역아동센터	충청남도 서천군 한산면 종지리 97-8
꿈샘지역아동센터	충청남도 천안시 동남구 목천읍 교촌리
사랑지역아동센터	충청남도 당진군 고대면 대촌리 635-3
장마루지역아동센터	충청남도 논산시 노성면 호암리 375-14
합덕지역아동센터	충청남도 당진군 합덕읍 운산리 255-84
보령꿈꾸는숲지역아동센터	충청남도 보령시 주포면 보령리 172-3
화양초등학교	충청남도 서천군 화양면 화산로 64번길
영항지역아동센터	충청남도 태안군 고남면 고남리 185-1
신평지역아동센터	충청남도 당진군 신평면 금천리 894-14 1층
희망나눔지역아동센터	충청남도 부여군 부여읍 동남리 40-6 3층
황화정지역아동센터	충청남도 논산시 연무읍 황화정리 966-4
홍성지역아동센터	충청남도 홍성군 홍성읍 오관리 560-12
해바라기지역아동센터	충청남도 천안시 봉명동 468
자람터지역아동센터	충청남도 금산군 금산읍 상리 270-3 2층
영생지역아동센터	충청남도 논산시 취암동 516-25
열린공부방지역아동센터	충청남도 서천군 한산면 종지리 24901
아산사랑의지역아동센터	충청남도 아산시 신창면 읍내리 485
서해아이들지역아동센터	충청남도 서산시 동문동 507-3
배솔지역아동센터	충청남도 천안시 원성동 224-10
배방지역아동센터	충청남도 아산시 배방면 북수리 687-29
다운지역아동센터	충청남도 예산군 예산읍 주교리 225-7
꽃때말지역아동센터	충청남도 금산군 남일면 신동리 36
광시지역아동센터	충청남도 예산군 광시면 하장대리 51-4
공주푸른학교지역아동센터	충청남도 공주시 중동 65-13 2층
태평지역아동센터	대전광역시 중구 태평동 375-25 노성빌딩 202호
구암지역아동센터	대전광역시 유성구 상대동 441-20

도서관 이름	소재지
향기로운지역아동센터	대전광역시 서구 갈마1동 379-2 2층
홍도지역아동센터	대전광역시 동구 홍도동 92-98
법동지역아동센터	대전광역시 대덕구 법동 944-12 대영상가 2층
중앙지역아동센터	대전광역시 유성구 신성동 150-12
유성지역아동센터	대전광역시 유성구 구암동 544-24
새벽지역아동센터	대전광역시 동구 삼성1동 150-20
복동산지역아동센터	대전광역시 동구 천동 64-4
만두레지역아동센터	대전광역시 대덕구 오정동 89-21
대정지역아동센터	대전광역시 유성구 대정동 139-4 2층
다모아지역아동센터	대전광역시 동구 용운동 294-20 2층
베다니지역아동센터	경상북도 칠곡군 왜관읍 왜관리 776-100
흥해지역아동센터	경상북도 포항시 북구 흥해읍 흥안리 175
영순지역아동센터	경상북도 문경시 영순면 의곡리 593
그리심지역아동센터	경상북도 포항시 북구 기계면 성계리 807
재산지역아동센터	경상북도 봉화군 재산면 재산로 605
가은지역아동센터	경상북도 문경시 가은읍 갈전리 693-12
황제지역아동센터	경상북도 경산시 진량읍 황제리 창신황제아파트 경로당 2층
포항다솜지역아동센터	경상북도 포항시 남구 오천읍 용덕리 305-6
포도나무지역아동센터	경상북도 의성군 금성면 대리4리 123-19
참다운지역아동센터	경상북도 포항시 북구 죽도동 208-8 3층
주사랑지역아동센터	경상북도 구미시 도량동 258-3
정금지역아동센터	경상북도 구미시 구평동 777
온누리지역아동센터	경상북도 영주시 영주1동 82-9
연일 참사랑지역아동센터	경상북도 포항시 남구 연일읍 생지리 317-3 시원한마음상가 3층
엘림지역아동센터	경상북도 포항시 남구 오천읍 구정3리 551-5
신기지역아동센터	경상북도 문경시 신기동 86-6
새길지역아동센터	경상북도 구미시 진평동 1058-3
보리지역아동센터	경상북도 경주시 용강동 1164-15 2층
다평지역아동센터	경상북도 구미시 고아읍 항곡리 634-46 2층
늘사랑지역아동센터	경상북도 고령군 고령읍 고아1리 175-1

도서관 이름	소재지
그림속세상지역아동센터	경상북도 포항시 남구 대송면 제내리 868 2층
하늘바라기지역아동센터	경상남도 사천시 죽림동 574 새섬바위길 25
서창지역아동센터	경상남도 양산시 삼호동 북부마을회관 2층
늘푸른지역아동센터	경상남도 밀양시 가곡동 556-24
명동지역아동센터	경상남도 창원시 진해구 명동 543-2
의탄지역아동센터	경상남도 함양군 마천면 의탄리 804
진례지역아동센터	경상남도 김해시 진례면 초전리 538-4 2층
꿈이있는지역아동센터	경상남도 의령군 부림면 신반리 90-4
밀양지역아동센터	경상남도 밀양시 상남면 예림리 1332-4
남해로뎀지역아동센터	경상남도 남해군 설천면 덕산리 1217
해살지역아동센터	경상남도 의령군 의령읍 동동리 967-8
한빛지역아동센터	경상남도 통영시 광도면 용호리 158-14
진영지역아동센터	경상남도 김해시 진영읍 진영리 253-25 2층
중앙지역아동센터	경상남도 진주시 강남동 170 한주한보상가 2층
은성지역아동센터	경상남도 창원시 진해구 마천동 146-1 청안그린빌상가 2층
웅상지역아동센터	경상남도 양산시 웅상읍 소주리 753-2 백동회관 3층
영현비전공부방	경상남도 김해시 외동 1357 함께가는교회 1층
서김해지역아동센터	경상남도 김해시 진영읍 여래리 458 1층
도레공부방지역아동센터	경상남도 사천시 사천읍 평화리 178-3
대산지역아동센터	경상남도 경상남도 함안군 대산면 평림리 1035-1
금성나눔공부방	경상남도 하동군 금성면 궁항리 1337-59
우리글터지역아동센터	대구광역시 남구 대명4동 3028-58
복현지역아동센터	대구광역시 북구 복현2동 375-1 3층
솔잎지역아동센터	대구광역시 동구 신천3동 178-1 2층
늘푸른지역아동센터	대구광역시 동구 방촌동 1108-2
진향지역아동센터	대구광역시 달서구 월성동 89-2 청구코아 4층
상인지역아동센터	대구광역시 달서구 상인동 1578-3
한빛지역아동센터	대구광역시 수성구 만촌동 981-9
예따라기지역아동센터	대구광역시 수성구 지산1동 446-8
북대구지역아동센터	대구광역시 북구 검단동 1268-3
명현지역아동센터	대구광역시 달서구 진천동 768-1

도서관 이름	소재지
동대구지역아동센터	대구광역시 동구 효목2동 558-2 2층
달서좋은이웃지역아동센터	대구광역시 달서구 죽전동
누리글터지역아동센터	대구광역시 달서구 두류동 1218-6 2층
서생지역아동센터	울산광역시 울주군 서생면 진하리 82-4
해누리지역아동센터	울산광역시 동구 방어동 924-17 2층
반올림지역아동센터	울산광역시 남구 무거동 1189-3 2층
꿈동산지역아동센터	울산광역시 울주군 온산읍 덕신리 442-15 1층
지역아동센터 브니엘학습관	부산광역시 남구 대연4동 천제등로 28번길 50 현대아파트상가 306호
하단지역아동센터	부산광역시 사하구 하단동 88-4 하단시티빌 101-103
사랑샘지역아동센터	부산광역시 북구 금곡동 812-3
남구열린지역아동센터	부산광역시 남구 용호1동 422-52
신정 LCC지역아동센터	부산광역시 기장군 정관면 용수리 1307-4
금사나너울지역아동센터	부산광역시 금정구 금사동 68-21 3층
해강지역아동센터	부산광역시 서구 남부민2동 428
절영지역아동센터	부산광역시 영도구 동삼1동 1124-6
전포지역아동센터	부산광역시 부산진구 전포1동 207-75 2층
엄마손지역아동센터	부산광역시 사하구 다대2동 85-10
신애지역아동센터	부산광역시 부산진구 부암3동 410-5 2층
수안빛지역아동센터	부산광역시 동래구 낙민동 294-18
선임지역아동센터	부산광역시 동구 범일동 1485
샘물지역아동센터	부산광역시 북구 화명동 740-5 화명로교회 2층
새에덴지역아동센터	부산광역시 남구 용호1동 132-1
보금자리지역아동센터	부산광역시 동래구 사직2동 634-3 2층
문현지역아동센터	부산광역시 남구 문현2동 776-22 리버빌 201호
두레지역아동센터	부산광역시 금정구 남산동 24-8 2층
다원지역아동센터	부산광역시 연제구 연산6동 668-20
낙동지역아동센터	부산광역시 북구 구포1동 718-25 2층
글누리지역아동센터	부산광역시 금정구 장전동 205-4
운봉지역아동센터	전라북도 남원시 운봉읍 동천리 489-3
회성지역아동센터	전라북도 김제시 봉남면 용신리 67-4
다아솜지역아동센터	전라북도 고창군 부안면 중흥리 282-26

도서관 이름	소재지
해님지역아동센터	전라북도 전주시 완산구 서완산동 2가 342
한우리지역아동센터	전라북도 장수군 장계면 대곡리 625-1
한마음지역아동센터	전라북도 고창군 고창읍 읍내리 1163 삼영남흥상가 2층
풍서한지역아동센터	전라북도 군산시 나운1동 731
장수꿈지역아동센터	전라북도 장수군 장수읍 장수리 474-2 2층
이백지역아동센터	전라북도 남원시 이백면 척문리 88-4
샘솟는지역아동센터	전라북도 익산시 모현동1가 146-1
번암지역아동센터	전라북도 장수군 번암면 노단리 1068-1
대야지역아동센터	전라북도 군산시 대야면 산월리 399-7
꿈나무지역아동센터	전라북도 군산시 소룡동 732 301호
경암지역아동센터	전라북도 군산시 경암동 684-15
YMCA지역아동센터	전라북도 군산시 삼학동 787-2
임동지역아동센터	광주광역시 북구 임동 97-50
다솜지역아동센터	광주광역시 북구 운암동 494-7
매곡지역아동센터	광주광역시 북구 매곡동 189 매곡프라자빌딩 102호
파란꿈지역아동센터	광주광역시 남구 지석동 257-3
사랑모아지역아동센터	광주광역시 남구 월산4동 923-26
아이조아홈스쿨지역아동센터	광주광역시 광산구 도산동 846-7
열린지역아동센터	광주광역시 서구 농성동 634-20
호르트지역아동센터	광주광역시 북구 두암동 76-6
한우리지역아동센터	광주광역시 남구 봉선1동 1026-1 2층
푸른솔지역아동센터	광주광역시 광산구 신가동 1010-7 1층
파이디온지역아동센터	광주광역시 남구 방림2동 21-3 2층
지혜의 다락방	광주광역시 남구 주월동 447
지산지역아동센터	광주광역시 북구 지야동 236 2층
자연친구지역아동센터	광주광역시 서구 금호동 733-5
은혜지역아동센터	광주광역시 광주 광산구 도산동 769-2
오정지역아동센터	광주광역시 북구 오치동 1021-7
어등지역아동센터	광주광역시 광산구 우산동 1337-7
아이들세상지역아동센터	광주광역시 서구 양동 69-1 2층
송암지역아동센터	광주광역시 남구 송하동 422-21 3층

도서관 이름	소재지
소망지역아동센터	광주광역시 남구 방림동 350-7
새빛지역아동센터	광주광역시 광산구 송정동 269-5
산수중앙지역아동센터	광주광역시 동구 산수2동 528-1
문흥지역아동센터	광주광역시 북구 문흥동 930-10
무지개지역아동센터	광주광역시 남구 주월동 941-14
무등지역아동센터	광주광역시 남구 월산5동 1048-150 2층
디딤돌지역아동센터	광주광역시 광산구 신촌동 707-83
동산중앙지역아동센터	광주광역시 동구 지산동 314-13 2층
대원지역아동센터	광주광역시 북구 문흥동 919 대주맨션 상가동 205호
느티나무지역아동센터	광주광역시 서구 광천동 589-4
나우리지역아동센터	광주광역시 서구 화정1동 71
비금지역아동센터	전라남도 신안군 비금면 덕산리 126-4
꼬예지역아동센터	전라남도 완도군 보길면 부황리 3-1
충도지역아동센터	전라남도 완도군 노화읍 충도리 961
문평지역아동센터	전라남도 나주시 문평면 안곡리 73-8
주암지역아동센터	전라남도 순천시 주암면 광천리 16
꿈이있는땅지역아동센터	전라남도 영광군 대마면 원흥리 253-24
현산남부지역아동센터	전라남도 해남군 현산면 구산리 72-12
한우리지역아동센터	전라남도 신안군 임자면 진리 386
나로도지역아동센터	전라남도 고흥군 봉래면 나로도항길 56-9 중앙빌라 A동 102호
화원면지역아동센터	전라남도 해남군 화원면 금평리 239번지 복지회관 2층
생영지역아동센터	전라남도 완도군 생일면 유서리 648
금일지역아동센터	전라남도 완도군 금일읍 화목리 82-1
산내들지역아동센터	전라남도 강진군 마량면 마량리 973
현경지역아동센터	전라남도 무안군 현경면 외반리 549-44
풍성한지역아동센터	전라남도 강진군 강진읍 서성리 63-5
죽림지역아동센터	전라남도 여수시 소라면 죽림리 죽림택지지구 d29-5
원광녹동지역아동센터	전라남도 고흥군 도양읍 봉암리 3247
오성꿈나무지역아동센터	전라남도 광양시 광양읍 덕례리 1725번지 오성상가 303호
영강지역아동센터	전라남도 나주시 삼영동 88-3

도서관 이름	소재지
아름이지역아동센터	전라남도 영광군 홍농읍 성산리 443
솔샘지역아동센터	전라남도 여수시 신기동 27-5 2층
섬드리지역아동센터	전라남도 신안군 압해면 동서리 808-25
석곡지역아동센터	전라남도 곡성군 석곡면 석곡리 240(석곡로 32-8)
복사골지역아동센터	전라남도 순천시 월등면 대평리 336-3
무선지역아동센터	전라남도 여수시 화장동 809-8
땅끝지역아동센터	전라남도 해남군 송지면 송호리 81
득량지역아동센터	전라남도 보성군 득량면 해평리 618
늘푸르미 지역아동센터	전라남도 여수시 소라면 덕양리 1223-1 1층
노안지역아동센터	전라남도 나주시 노안면 금동리 235
금골지역아동센터	전라남도 진도군 군내면 둔전리 금골마을 371-1
군외지역아동센터	전라남도 완도군 군외면 황진리 281-10
행복나눔지역아동센터	제주특별자치도 제주시 건입동 1271
토마토지역아동센터	제주특별자치도 제주시 일도2동 112-1
삼육지역아동센터	제주특별자치도 남제주군 성산읍 오조리 1031-7
빛과소금지역아동센터	제주특별자치도 제주시 월평동 1189 대웅별장 가동 103호
다사랑지역아동센터	제주특별자치도 제주시 연동 2313-3 한마음아파트 상가 1층 108호

지구촌지역아동센터 아름人도서관

2013년 4월, 300번째 아름人도서관을 선물받은 행운의 지역아동센터는 서울시 구로구에 위치한 지구촌지역아동센터이다. 낡은 시설로 곰팡이가 피었던 공간이 신한카드를 만나 책이 가득한 아름다운 공간으로 탈바꿈했다. 이 지역에는 필리핀, 일본, 중국 등 다문화가정 아이들이 많이 살고 있다. 주변에 도서관이나 놀이터가 없어 갈 곳 없던 아이들은 신한카드가 선물해준 아름人도서관을 통해 자발적으로 책을 읽고, 꿈과 희망을 키울 수 있게 되었다.

현재 아동센터 외에도 대학병원 등 책을 필요로 하는 어린이들이 있는 곳에 아름人도서관을 설치하고 있다.

4 변화모습

서진지역아동센터 50번째 아름人도서관 개관식

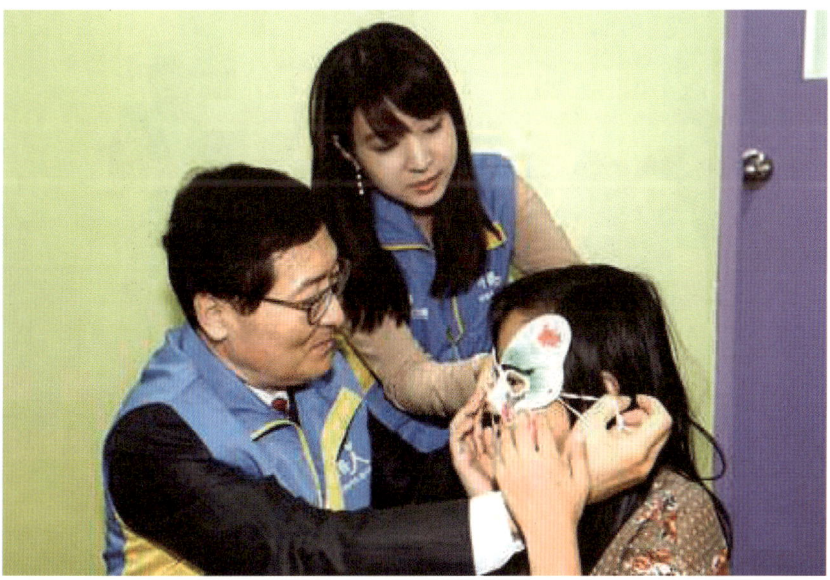

마로니에지역아동센터 아름人도서관 개관식

가천대길병원 아름人도서관 개관식

서울대병원 아름人도서관 개관식

내용 및 사진출처

디지털타임스. 길재식. 50번째 '아름人도서관' 개관
http://www.dt.co.kr/contents.html?article_no=2011050202019957741004
디지털타임스. 박세정. 신한카드, 아름인도서관 건립 캠페인
http://www.dt.co.kr/contents.html?article_no=2013030602019957780002
경기일보. 박용준. 가천대길병원, '아름인도서관' 개관
http://www.kyeonggi.com/news/articlePrint.html?idxno=693493
조선닷컴. 김경하. [더 나은 미래][기업 사회공헌] 허름했던 독서실에 책 1000권이 빼곡
http://news.chosun.com/site/data/html_dir/2013/11/11/2013111102724.html
데일리안. 김재현. 신한카드, 301번째 '아름인 도서관' 개관
http://www.dailian.co.kr/news/newsprint/337580
한국일보. 강지원. [클린리더스] 신한카드, 놀 곳 없는 지역에 도서관 선물
http://news.hankooki.com/lpage/economy/201311/h2013111720473221500.htm
아름인도서관 홍보영상 캡처화면
http://youtu.be/ynh8JJLLPNg
신한카드 아름인 홈페이지
https://arumin.shinhancard.com/Service/arumin/arumin01.jsp
http://arumin.shinhancard.com

도서관을 만드는 아름다운 기업들

아름다운가게

- **회 사 명:** 아름다운가게
- **주 소:** 서울 성동구 천호대로 362 아름다운가게
- **전화번호:** 02-3676-1009
- **홈페이지:** www.beautifulstore.org

Books are the quietest and most constant of friends;
they are the most accessible and wisest of counsellors,
and the most patient of teachers.

책은 가장 조용하고 변함없는 벗이다.
책은 가장 쉽게 다가갈 수 있고 가장 현명한 상담자이자,
가장 인내심 있는 교사이다.

– 찰스 W. 엘리엇

1 아름다운가게는?

아름다운가게는 쓰지 않는 헌 물건, 아직 사용하지 않은 새것이라도 내게는 필요 없는 물건을 필요한 이웃을 위해 내놓는 나눔을 실천하는 장이다. 기증받은 헌 물건을 모으고 손질해서 필요한 사람에게 싼 값으로 되팔아 다시 사용하도록 하는 순환을 지향하는 기업이다.

아름다운가게는 2003년부터 2012년까지 지난 10년간 22,941,317,383원의 나눔을 하였고 기증물품, 공정무역제품, 재활용디자인제품 등의 매출과 기부금을 통해 지역사회의 소외 이웃과 건강한 미래 만들기에 필요한 공익활동을 지원해 왔다.

아름다운가게는 '경제 소외해결', '미래 세대 지원', '공익 변화 협력', '나눔문화 확산' 등의 국내 나눔 프로그램을 실천하고 있다. 국내뿐만 아니라 해외의 소외된 이웃들이 인간적인 삶을 누리고 그들이 사는 마을이 나눔과 순환의 아름다운 지역 공동체로 회복될 수 있도록 '지역 공동체 지원사업', '사회적기업(공정무역) 지원사업', '긴급 지원사업' 등을 하고 있다. 그의 일환으로 나마스떼 갠지스 프로젝트, 굿모닝 베트남 프로젝트, 아름다운 도서관 프로젝트 등 건강, 교육, 무역, 기후변화, 식량권, 전쟁 및 자연재해 등의 해외 배분사업을 하고 있다.

아름다운가게의 도서관 지원사업은 '네팔의 아름다운도서관'뿐만 아니라 2010년, 국내의 '서울수도원 풀뿌리 단체 지원사업'을 통해 동작구에 위치한 성대골어린이도서관의 개관에 후원을 하기도 하였다. 이때 아름다운가게의 지원금은 저소득가구가 밀집된 지역에 아이들을 위한 작은 도서관을 만들고자 하는 사람들이 모여 논의하고 후원활동을 벌이는 과정에 지원하게 되었다.

^ 아름다운가게가 지원한 성대골어린이도서관

2 아름다운가게는 왜, 어떻게 네팔을 도왔을까?

아름다운 도서관 프로젝트는 커뮤니티 도서관을 통한 교육 및 지역 역량 강화를 위해 진행되고 있다.

2009년 엄마를 도와 냇가에서 빨래를 하다가 감전사고를 당해 다리와 얼굴에 심한 화상을 입은 네팔 소녀 럭시미 따망의 의료지원 후 남은 기금으로 럭시미 및 마을주민들과의 협의를 통해 마을도서관을 건립하기로 결정하였다.

이름도 생소한 네팔 오지마을, 그곳에 누구나 이용할 수 있는 아름다운도서관이 문을 열었다. 교육과 문화로부터 소외되어 있던 네팔 오지마을에 아름다운가게가 도서관 문화를 선물한 것이다. 아름다운가게는 지역 학교 및 주민들이 자발적으로 도서관의 구상, 운영, 평가에 참여하게 하여 단순한 수혜를 넘어 다 함께 만들어가는 아름다운도서관의 취지를 살리고자 하였다.

아름다운가게는 도서관마다 책 3천여 권을 포함해 전기시설, IT기기, 운동용품 등을 지원하였으며, 글짓기 대회와 같은 즐거운 교육프로그램도 운영하고 있다. 아름다운도서관은 단순히 책을 읽는 곳이 아니다. 어린이뿐만 아니라 온 마을 주민들이 함께 즐길 수 있는 문화공간을 마련한 것이다.

아름다운가게 BeautifulStore

^ 아름다운가게 로고

또한 아름다운도서관은 설립단계부터 현지 학교관계자, 학생, 마을주민, 지역 정부 관계자 등이 개관 준비에 직접 참여하고, 지속가능한 운영방안도 미리 마련토록 하여 지원 기간이 지나 문을 닫는 상황에 닥친 다른 도서관들의 아픈 경험을 겪지 않도록 노력하였다.

^ 왼쪽 위부터 다델두라, 꺼일러리, 누와꼬뜨

제1호 아름다운도서관

2010년 한국인의 온정을 모아 네팔 산골마을 누와꼬뜨 지역에 도서관을 개관하였다. 도서관의 이름은 '콜로니마을 아름다운도서관'이며 국내 모금으로 개관 비용 700만 원과 영어동화책 등의 도서 1,000여 권과 현지에서 구매한 도서를 포함한 도서 3,400권, 컴퓨터 등을 마련하여 지원하였다.

^ 콜로니마을의 아름다운도서관

콜로니마을 아름다운도서관에 700여 권의 도서와 마을주민들에게 지원될 600여 점의 의류 배송기부는 DHL 코리아가 하였다. DHL 익스프레스 코리아는 사회공헌활동의 3대 영역 중 하나를 'GoTeach'로 정했을 만큼 미래 세대를 위한 지원을 중요하게 생각하는 기업이다. DHL의 배송지원 덕분에 산골에 있어 쉽게 책을 읽기가 어려운 네팔아이들에게 꿈과 희망을 빠르게 전달할 수 있었다.

« DHL익스프레스 코리아 박두석 전무(왼쪽), 아름다운가게 김수열 사무청장(오른쪽)

2012년 10월에는 아름다운가게의 창립 10주년을 기념하여 시민들이 직접 폐기되는 의류, 잡화 조각들을 붙여 네팔의 아름다운도서관 1호점의 일상을 담은 대형 '나눔 콜라주'를 만드는 행사를 진행하기도 하였다.

« 아름다운가게 10주년 행사 '나눔 콜라주'

제2호 아름다운도서관

2012년 네팔 다델두라 지역의 산골마을에 아름다운도서관 2호가 개관하였다. 아름다운도서관 2호는 국내외에서 활발하게 도서관 지원에 나서고 있는 넥슨과의 협력을 통해 진행되었다. 아름다운도서관 2호가 들어선 곳은 네팔 다델두라 지역 산간마을에 위치한 쉬리바게샤학교로 인근 어린이들이 모여 공부를 하는 소중한 곳임에도 불구하고 도서는 물론 교과서조차 부족한 열악한 환경이고, 전기 사정마저 좋지 않아 아이들은 어두운 교실에서 수업을 들어야 하는 등 배움의 기회로부터 소외된 지역이었다.

이런 사정을 감안하여 아름다운가게는 아름다운도서관에 아동·과학·소설·사전 등 다양한 종류의 도서 3,000여 권과 함께 태양열 발전설비를 마련해 전기 공급을 원활하게 하였다. 그뿐만 아니라 학습용 컴퓨터, 교육교재, 운동용품 등을 함께 지원하여 많은 아이들과 네팔 주민들이 꿈을 키워나갈 수 있게 하였다.

아름다운도서관 2호에서 책을 읽고 있는 네팔아이들

아름다운도서관 2호(넥슨 작은 책방 70호점)

아름다운도서관 2호 도서관 벽화를 그리는 아이

제3호 · 4호 아름다운도서관

2013년, 제3호 아름다운도서관이 설립되었다. 제3호 아름다운도서관은 아름다운가게 후원이사회에서 고택바자회를 통해 마련한 5,400여만 원으로 네팔의 꺼일러리주 덩거디시에 위치한 사라소띠 학교에 도서관을 개관한 것이다. 아름다운도서관 3호는 사라소띠학교 내에 위치하지만 주민들도 이용할 수 있는 커뮤니티 도서관이자 사랑방의 역할을 하고 있다.

네 번째 아름다운도서관은 패션매거진 싱글즈의 기부콘서트 및 바자회 수익금 7,000여만 원으로 네팔 극서부 꺼일러리 지역에 개관되었다.

개관을 앞둔 도서관의 컴퓨터를 기대에 가득 차 만져보는 학생들

제4호 아름다운도서관 설립을 위한 자선 바자회 포스터

내용 및 사진출처

홍명희. 2013. 『(2012 아름다운가게 나눔보고서)참 아름다운 나눔 이야기』. 서울: 재단법인 아름다운가게
손숙. 2012. 『(2011 아름다운가게 나눔보고서)희망나눔』. 서울: 재단법인 아름다운가게
아름다운가게 홈페이지
http://www.beautifulstore.org
구글 지도
https://maps.google.co.kr
싱글즈 홈페이지
http://www.thesingle.co.kr
코리아뉴스와이어. 아름다운가게와 넥슨, 네팔에 도서관 건립
http://www.newswire.co.kr/modules/etc/print_news.php?no=668183
서울신문. 박지환. 아름다운 가게 10주년 행사
http://www.seoul.co.kr/news/newsView.php?id=20121018008025
스포츠서울닷컴. DHL, 아름다운가게의 '아름다운 도서관' 프로젝트에 배송 지원
http://news.sportsseoul.com/read/life/852674.htm
헤럴드경제. 민상식. 네팔 산골마을에 아름다운도서관 2호 개관
http://news.heraldcorp.com/view.php?ud=20121206000546&md=20121209003716_AT
환경일보. 박종원. 네팔 아름다운도서관 건립 위한 바자회와 콘서트 열려
http://www.hkbs.co.kr/hkbs/news.php?mid=1&treec=220&r=view&uid=250753

도서관을 만드는 아름다운 기업들

파리 바게뜨

- 회 사 명: 파리바게뜨(PARIS BAGUETTE)
- 주　　소: 경기도 성남시 중원구 상대원 1동 149-3 (주)파리크라상
- 전화번호: 02-2276-6000
- 홈페이지: http://company.paris.co.kr

책 한 권 읽기를 간절히 바라는 사람과
읽을 만한 책을 기다리다 지친 사람 사이에는 매우 큰 차이가 있다.
− G. K. 체스터튼

1 파리바게뜨는?

파리바게뜨의 모기업은 SPC그룹이며, SPC그룹은 'SPC 행복한 펀드'를 운영하며 장애아동의 재활치료비와 보조기구 구입 등 2억 원 이상을 지원하고 있다. 또한 직업교육, 자금지원 등을 통해 장애인들의 자립을 돕는 '행복한 베이커리&카페'를 운영하여 장애인들이 사회에서 꿈과 재능을 펼칠 수 있는 기반을 마련하는 데 힘을 보태고 있는 등 장애인들을 위하여 솔선수범하고 있다.

SPC 로고

파리바게뜨는 ㈜파리크라상의 'Family Brand'로 친절한 서비스와 함께 건강하고 맛있는 빵과 만나는 정통 유럽풍 베이커리점으로 제과, 제빵, 케이크 등의 제품을 판매한다.

2 파리바게뜨는 어떻게 책을 기증하게 되었을까?

고객이 함께 참여하여 장애어린이들에게 동화책이 주는 꿈과 상상력의 즐거움을 선사하고자 푸르메 재활센터 어린이도서관에 동화책을 기증하였다.

SPC 그룹의 파리바게뜨 사업부는 2013년 4월, 무설탕식빵의 출시를 기념하여 '착한 QR코드'라는 이름으로 기부 이벤트를 진행하였다. '착한 QR코드'는 파리바게뜨 고객이 '무설탕식빵'패키지의 QR코드 혹은 파리바게뜨 매장에 부착된 QR코드를 스캔하면 100원이 기부금으로 적립이 되는 행사로, 기부금 전액은 파리바게뜨가 부담을 했다. 이 기부는 고객이 참여 시 할인을 받으면서 동시에 기부를 할 수 있어 참여자가 매우 많았다.

착한 QR코드 도네이션 이벤트 화면

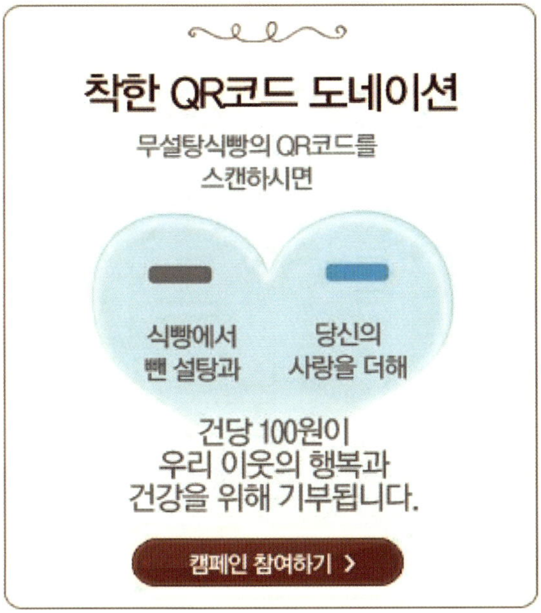

« 착한 QR코드 도네이션 이벤트 파리바게뜨 어플리케이션 화면

'무설탕식빵'은 설탕 0%에 국내산 현미와 호두가 들어가 토스트해 먹으면 더욱 맛있는 건강식빵이다. 특수 발효공법으로 식빵 100g당 당 함량을 0.5g 미만으로 끌어내리며 '무당 빵 제조방법'에 대한 특허를 출원, 맛있는 건강빵의 새 길을 열었다.

파리바게뜨는 '착한 QR코드 도네이션' 이벤트를 전개하여 적립된 금액 2,800만 원 전액으로 푸르메재활센터의 장애어린이들을 위한 동화책 1,000권을 구입하여 기부하였다.

파리바게뜨가 지원한 1,000권의 동화책을 기증받은 행운의 도서관은 푸르메재활센터 어린이도서관이다. 이 도서관이 속해 있는 푸르메재활센터는 서울 종로구 신교동 66번지에 위치하며 국내 최초 민간기부로 세워진 장애인 재활센터이다. 푸르메재단은 넥슨코리아, 삼화모터스, 루이비통, 보미종합건설, 신한은행, KB금융그룹 등 많은 기업과 개인기부를 통하여 건립되었다. 이 도서관은 푸르메재활센터 2층에 위치하고 있다.

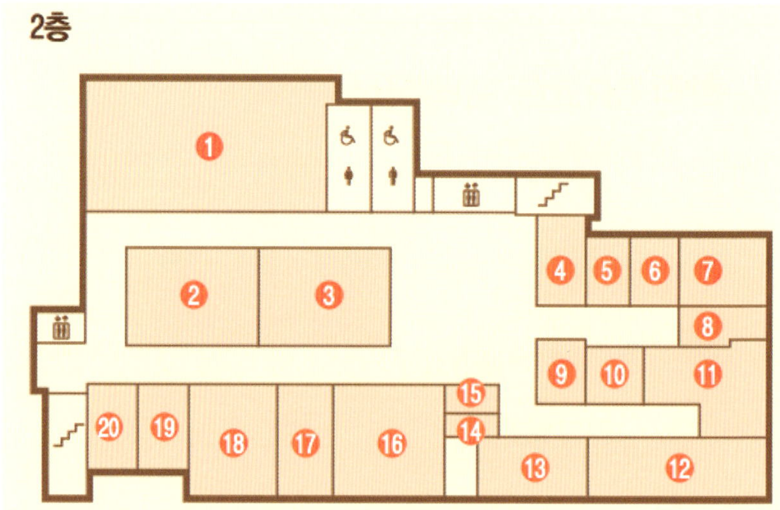

푸르메재활센터 층별안내도(어린이도서관은 ⑬에 위치)

푸르메재활센터 어린이도서관에 동화책 1,000권 기부

내용 및 사진출처

파리바게뜨 홈페이지
http://company.paris.co.kr
SPC그룹 홈페이지
http://www.spc.co.kr
푸르메재활센터 홈페이지
http://www.ipurme.org
아주경제. 전운. 파리바게뜨, 푸르메재활센터 어린이도서관에 동화책 기증
http://www.ajunews.com/kor/view.jsp?newsId=20130821000533

도서관을 만드는 아름다운 기업들

한국 EMC

- **회 사 명:** 한국EMC
- **주 소:** 서울특별시 강남구 역삼1동 737 강남 파이낸스센터 18층
- **전화번호:** 02-2125-7000
- **홈페이지:** http://korea.emc.com

There is no mistaking a real book when one meets it.
It is like falling in love.
진정한 책을 만났을 때 그것은 사랑에 빠지는 것과 같다.
– 크리스토퍼 몰리

1 한국EMC는?

EMC는 IT 솔루션 기업이다. EMC는 전 세계 모든 기업과 서비스 공급업체가 기존 운영 환경과 업무 수행 방식을 혁신하고 새로운 'Information Technology as a Service'를 실현할 수 있도록 지원하는 세계적인 기업이다. 한국EMC는 EMC가 진출한 전 세계 86개국 중 미국을 제외하고 최초로 시장 점유율 1위를 차지했을 뿐만 아니라, IDC가 국내 스토리지 시장조사를 시작한 2004년도 이래 10년 연속 스토리지 업계 부동의 1위를 지켜나가고 있다. 또한 한국EMC는 금융, 제조, 통신 및 공공 등 모든 산업군에서 고객의 비즈니스 요구에 최적화된 솔루션들을 개발하고 공급하며 리더십을 넓혀가고 있다.

한국EMC는 사회에 대한 책임을 다하는 선진 기업으로서 '꿈의 도서관', '1사 1촌 돕기' 등 다양한 분야에 걸쳐 사회공헌활동을 전개하고 있다.

1사 1촌 운동으로 자매결연 맺은 곳을 찾아가 농번기 일손을 돕는 EMC

2 EMC 꿈의 도서관 캠페인

한국EMC는 교육의 격차를 줄이고 다양한 문화적 혜택을 함께 누릴 수 있는 사회공헌활동을 진행함으로써 글로벌 선진 IT 기업이 갖추어야 할 사회적 책임과 의무를 충실히 수행해 나가고 있다.

한국EMC는 유소년층을 위한 교육지원을 올해 지역사회공헌활동의 핵심 목표로 잡고, 사단법인 전국지역아동센터협의회(이하 '전지협') 서울특별시 지부와 협력해 각 지역아동센터의 신청을 받은 후 심사를 거쳐 지원대상을 선정하고, 도서 기증과 현장학습 지원을 통해 유소년들이 보다 풍요로운 문화적 혜택을 누릴 수 있도록 적극 지원하였는데 이를 위해서 계획한 것이 EMC '꿈의 도서관(Dream Library)' 캠페인이다. 꿈의 도서관 캠페인은 경제적 어려움으로 인해 다양한 교육 및 문화적 환경이 취약한 저소득층 유소년들을 위해 한국EMC가 교육 전문가와 함께 선정한 과학 및 문화관련 서적들과 공부방을 위한 책장과 교육용 노트북PC 등을 기증하는 프로그램이다. 이 캠페인은 꿈의 도서관 1호 지원을 시작으로 도서관 개관에 필요한 모든 준비와 실행단계에 임직원들이 자원봉사자로 참여하며 회사가 직접 구매한 서적 외에 직원들로부터 기증받은 서적을 모아 직접 수혜지역아동센터를 순회하면서 도서관을 개설하고 유소년을 위한 현장학습을 지원하는 것을 목적으로 두고 있다.

꿈의 도서관 캠페인은 2009년 2월 하늘씨앗 지역아동센터를 시작으로 2013년 11월 현재 꿈의 도서관 15호까지 설립하였다. 도서관을 설립할 뿐만 아니라 컴퓨터와 학용품, 도서 기증에서 자원봉사까지 지원하였다. 꿈의 도서관 10호부터는 최경주재단과 함께 상호 협력에 합의하여 아이들의 꿈을 위해 도서관을 건립하였다. 한국EMC와 최경주재단의 상호협력은 양측이 가진 '어린이 인재육성과 나눔'이라는 모토로 전격적으로 진행되었다

EMC 로고(왼쪽)와 최경주재단 로고(오른쪽)

3 EMC 꿈의 도서관은 어디에 설립되었을까?

EMC 꿈의 도서관은 2009년 2월 꿈의 도서관 1호, 하늘씨앗지역아동센터로 시작되어 2013년 11월 꿈의 도서관 15호까지 설립되었다.

EMC 꿈의 도서관 1호

2009년 2월, 한국EMC의 임직원 자원봉사자 20명이 서적 1,000여 권과 여러 대의 교육용 노트북 PC를 기증하고 아이들과 함께 현장학습을 진행하였

던 자리에 '하늘씨앗지역아동센터' 공부방 선생님들과 아이들의 맑은 미소가 가득 퍼졌다. 2009년부터 새롭게 전개하기 시작한 기업사회공헌(CSR) 프로그램인 한국EMC 꿈의 도서관(Dream Library) 캠페인의 보람찬 첫걸음이었다.

^ EMC 꿈의 도서관 1호

EMC 꿈의 도서관 2호

2009년 8월, 한국EMC의 두 번째 꿈의 도서관 지원대상은 서울시 광진구의 포도나무지역아동센터로 선정되었다. 자원봉사를 자청한 한국EMC의 임직원 자원봉사자들이 직접 방문하였고 센터의 유소년들을 위해 교육 전문가들이 직접 선정한 도서 800여 권과 컴퓨터 등을 기증했다.

특히, 이번 캠페인에는 한국EMC 전 직원에게 꿈의 도서관의 의미를 알리고 동참할 기회를 제공하기 위해 기증 도서 앞 페이지에 어린이들에게 전하는 따뜻한 메시지를 작성하여 전하였다. 한국EMC의 자원봉사자들은 도서뿐 아니라 직원들이 직접 정비한 교육용 노트북PC 3대와 학용품세트를 함께 기증하였다.

EMC 꿈의 도서관 2호

EMC 꿈의 도서관 3호

2009년 꿈의 도서관 3호는 사과나무지역아동센터로 선정되었다. 사과나무지역아동센터는 서울시 광진구에 위치한 지역아동센터로 초등학생부터 고등학생에 이르기까지 20여 명이 이용하고 있으며, 프로그램으로는 아이들의 기초적인 학습에서부터 여러 가지 문화체험이나 특별학습(서예, 영어, 논술, 악기) 등이 있다.

EMC 꿈의 도서관 4호

2010년 6월 성동구 소재 꿈터지역아동센터를 꿈의 도서관 4호로 선정했다. 꿈터지역아동센터는 극빈가정, 기초수급대상 가정, 편모가정 등 부모가 일을 하느라 아이를 돌볼 여력이 없는 가정을 위해 방과 후 아이들을 보호하며 식사를 제공하고 학습 도우미 역할을 하는 시설로 초등학생 약 25명이 생활하고 있다. 한국EMC는 꿈터지역아동센터에 교육 전문가들이 선정한 도서 800여 권과 학용품세트를 기증하였다.

« EMC 꿈의 도서관 4호

EMC 꿈의 도서관 5호

2010년 9월, 서울시 강북구 소재 아름다운땅지역아동센터를 꿈의 도서관 5호로 선정하였다. 한국EMC는 아름다운땅지역아동센터에 평소에 구비하기 어려웠던 필수 전집, 영어책, DVD를 비롯하여 교육 전문가들이 선정한 도서 600여 권과 학용품세트를 기증하였다.

EMC 꿈의 도서관 5호

EMC 꿈의 도서관 8호

2011년 9월 서울시 강북구 사랑의 지역아동센터에 꿈의 도서관 8호를 개관하였다. 강북구 송천동의 지역아동센터는 초등학생 20여 명이 생활하고 있으며 저소득층 맞벌이부모를 둔 아이들이 방과 후 다양한 교육프로그램을 접할 수 있도록 지원하고 있다. 교육 전문가들이 선정한 도서 800여 권과 책장, 학용품세트 등을 전달했다. 또한 꿈의 도서관 8호의 개관식에는 한국 EMC 임직원들의 재능기부활동이 더해져 나눔의 폭이 한층 넓어졌고, 아이들과 교감을 할 수 있는 뜻깊은 자리를 가졌다.

EMC 꿈의 도서관 8호

EMC 꿈의 도서관 9호

2011년 11월, 크리스마스를 한 달 앞두고 서울시 동작구 대방동에 위치한 작은사랑서울지역아동센터에 꿈의 도서관 9호를 개관하였다. 작은사랑서울지역아동센터 아이들에게 책과 함께 꿈을 크리스마스 선물로 선사한 것이다. 도서 800여 권과 크리스마스 트리, 그리고 직접 준비한 선물을 아이들에게 전달하였다. 작은사랑서울지역아동센터는 지역의 저소득층 아동들에게 보호 및 교육 등의 아동복지서비스를 제공하고 있으며 약 30여 명의 초등학생이 생활하고 있다. 꿈의 도서관 9호의 개관식은 문화적 혜택을 누릴 수 있는 희망과 꿈의 공간을 아이들에게 선사함과 더불어 공부방 어린이들이 즐거운 크리스마스 분위기를 미리 느낄 수 있도록 배려하여 마련된 뜻깊은 행사였다.

EMC 꿈의 도서관 9호

EMC 꿈의 도서관 10호

2012년 6월 경기도 이천시에 위치한 일신성화학교지역아동센터를 꿈의 도서관 10호로 선정하였다. 일신성화학교지역아동센터는 약 30명의 다문화가정 아동들로 구성되어 있다. 한국EMC는 일신성화학교지역아동센터에 국내외 도서 800여 권과 학용품 등 직접 준비한 선물을 전달하였다. 꿈의 도서관 10호 개관을 맞아 최경주재단과 함께 유소년 인재육성 및 나눔활동을 위한 상호 협력에 합의했다. 한국EMC와 최경주재단의 상호협력은 양측이 가진 '어린이 인재육성과 나눔'이라는 모토로 전격적으로 진행되었다.

EMC 꿈의 도서관 10호

EMC 꿈의 도서관 11호

꿈의 도서관 11호는 2012년 9월 경기도 여주에 위치한 금사지역아동센터에 개관하였다. 금사지역아동센터에는 국내외 아동·청소년 추천도서를 기증하고 IT교육을 제공하였다.

EMC 꿈의 도서관 11호

EMC 꿈의 도서관 12호

2012년 10월 경기도 여주에 위치한 여주중앙아동센터에 꿈의 도서관 12호를 개관하였다. 국내외 도서 600여 권과 도서관 물품 및 학용품 등을 아동센터 아이들에게 기증하였고, 폐가구 이동, 기존 도서 정리 등 센터 환경을 개선하였다.

EMC 꿈의 도서관 12호

EMC 꿈의 도서관 13호

2013년 7월 경기도 안산시 상록구에 위치한 그루터기지역아동센터에 꿈의 도서관 13호를 개관하였다. 그루터기지역아동센터는 가정환경이 어려운 약 30명의 지역 아동들을 위해 매일같이 국어와 수학, 영어 등 방과 후 수업과 식사를 제공하고, 상담, 체육활동 등을 지원함으로써 아이들에게 실질적인 도움을 주고 있는 곳이다. 한국EMC와 최경주재단은 기존 학습공간을 대대적으로 리모델링해 새롭게 탈바꿈한 도서관을 제공하고, 이 지역아동센터 학생들의 수준에 맞춘 도서 600권 이상을 기증했다. 또한 자원봉사단 시행우(시나브로 행복해지는 우리들)와 한국EMC 임직원들은 단순한 봉사를 넘어 음악공연 및 IT지식 재능기부를 하였다.

EMC 꿈의 도서관 13호

EMC 꿈의 도서관 14호

2013년 8월 경기도 안산시 단원구에 위치한 푸른지역아동센터에 꿈의 도서관 14호를 개관하였다. 국내외 도서 1,000여 권을 아동센터 아이들에게 기증하였고, 기존 학습공간을 리모델링하였다. 또한 도서관 내 꿈길 벽화를 제작하여 센터의 전체 환경을 개선하였으며 IT지식 재능을 기부하여 '입는 컴퓨터'라는 주제로 문화 교육에서 소외되어 있는 지역 아동들에게 올바른 게임 습관이나 IT기기 사용법 등의 IT교육을 하였다.

EMC 꿈의 도서관 14호

EMC 꿈의 도서관 15호

2013년 10월 경기도 안산시 상록구에 위치한 행복한아이들지역아동센터에 꿈의 도서관 15호를 개관하였다. EMC 꿈의 도서관 15호의 개관식에서는 행복한아이들지역아동센터 인근에 위치한 팔곡초등학교 담장에 한국EMC 임직원, 최경주재단 자원봉사자, 안산 지역주민들이 함께 아이들의 꿈과 희망

EMC 꿈의 도서관 15호

을 주제로 벽화를 그려 자리를 빛냈다. 길이 100m, 높이 5m의 어두운 담장에 동심을 담아 아이들의 정서적 발달에 도움을 주었다.

국내외 도서 1,000여 권을 아동들에게 전달하고 지역아동센터의 학습공간을 리모델링하였으며 한국EMC 임직원들의 IT지식 재능을 기부하여 아이들의 IT 역량 강화를 지원하였다.

EMC 꿈의 도서관 현황

도서관 이름	개관일	소재지
EMC 꿈의 도서관 1호	2009. 2	서울 강북구 미아 2동 하늘씨앗지역아동센터
EMC 꿈의 도서관 2호	2009. 8	서울시 광진구 포도나무지역아동센터
EMC 꿈의 도서관 3호	2009	서울시 광진구 사과나무지역아동센터
EMC 꿈의 도서관 4호	2010. 6	서울시 성동구 꿈터지역아동센터
EMC 꿈의 도서관 5호	2010. 9	서울시 강북구 아름다운땅지역아동센터
EMC 꿈의 도서관 8호	2011. 9	서울시 강북구 사랑의 지역아동센터
EMC 꿈의 도서관 9호	2011. 11	서울시 동작구 작은사랑서울지역아동센터
EMC 꿈의 도서관 10호	2012. 6	경기도 이천시 일신성화학교지역아동센터
EMC 꿈의 도서관 11호	2012. 9	경기도 여주시 금사지역아동센터
EMC 꿈의 도서관 12호	2012. 10	경기도 여주시 여주중앙아동센터
EMC 꿈의 도서관 13호	2013. 7	경기도 안산시 상록구 그루터기지역아동센터
EMC 꿈의 도서관 14호	2013. 8	경기도 안산시 단원구 푸른지역아동센터
EMC 꿈의 도서관 15호	2013. 10	경기도 안산시 상록구 행복한아이들지역아동센터

4 변화모습

아이들에겐 책이 가장 큰 보물인데, 꿈의 도서관이 생기면서 아이들이 매일 보물창고에 들를 수 있게 되었다. 꿈의 도서관이 생긴 후 지역아동센터의 일상에는 변화가 생겼다고 한다. 아이들이 새로운 책을 읽기 위해 평소보다 훨씬 일찍 오고 공부방에 와서는 바로 책을 찾아서 열심히 보고 그동안 변변한 책이 없어 책에 취미를 갖지 못했던 아이들이 '개구쟁이'에서 '독서쟁이'

로 모습이 바뀌었다는 것이다. 아이들은 책을 통해 상상의 나래를 펼치고 꿈과 희망을 품을 것이고 그 꿈과 희망의 여정에 한국EMC가 도우미 역할을 하였다고 볼 수 있다.

꿈의 도서관 개관 후 변화모습

2011년도 12월에는 꿈의 도서관 4호와 꿈의 도서관 5호 학생들 약 50명을 대상으로 '일일 독서캠프'를 개최하였다. 한국EMC의 자원봉사자들이 함께 하였으며 파주출판도시 견학과 공연관람, 독서 가방 만들기 활동 등으로 진행이 되었다. 한국EMC는 꿈의 도서관을 대상으로 독서캠프 이외에도 독후감 대회 등 여러 가지 프로그램 및 활동을 하고 있다.

꿈의 도서관 일일 독서캠프

내용 및 사진출처

김경진. 2009.ON MAGAZINE. 『한국이엠씨컴퓨터시스템즈』, 44(spring)
김경진. 2009.ON MAGAZINE. 『한국이엠씨컴퓨터시스템즈』, 45(autumn)
김경진. 2010.ON MAGAZINE. 『한국이엠씨컴퓨터시스템즈』, 48(autumn)
EMC 홈페이지
http://korea.emc.com
최경주재단 홈페이지
http://www.kjchoifoundation.org
디지털타임스. 한지숙. 한국EMC, 자매결연 농촌 일손돕기
http://www.dt.co.kr/contents.html?article_no=2008041402012169700002
블로터. 도안구.
http://www.bloter.net/archives/author/eyeball
캐드앤그래픽스. 김미라. 한국EMC, 꿈의 도서관 8호 개관… 임직원 재능기부 더해져
http://www.cadgraphics.co.kr/v5/news/etc_view.asp?seq=3135
IT DAILY. 이재갑. 한국EMC, '꿈의 도서관 9호' 개관
http://it.dmbic.com/atl/view.asp?a_id=28560
IT DAILY. 고수연. 한국EMC, 10번째 '꿈의 도서관' 개관
http://it.dmbic.com/atl/view.asp?a_id=31116
OSEN. 우충원. 최경주 재단-한국EMC, 안산 소외 지역 아동 위해 도서관과 책 기증
http://osen.mt.co.kr/article/G1109611684
TechSuda. 도안구. 한국EMC · 최경주재단, 안산에 '꿈의 도서관' 14호 개관
http://www.techsuda.com/archives/925
뉴스와이어. 한국EMC, 최경주 재단과 함께 아이들의 동심 담은 '꿈 길' 조성 및 'EMC 꿈의 도서관' 15호 개관
http://www.newswire.co.kr/newsRead.php?no=718420&sourceType=rss
EBN. 이광표. 한국EMC, '꿈의 도서관 8호' 탄생
http://www.ebn.co.kr/news/n_view.html?id=513314
디지털 데일리. 백지영. 한국EMC, 두 번째 '꿈의 도서관' 설립 지원
http://www.ddaily.co.kr/news/news_view.php?uid=53374
아이티투데이. 정경미. 한국EMC '꿈의 도서관 9호' 개관
http://www.ittoday.co.kr/news/articleView.html?idxno=23474
etnews. 안호천. 한국EMC · 최경주재단, 꿈의 도서관 12호 개관
http://www.etnews.com/news/computing/solution/2661610_1476.html
etnews. 이은용. 한국EMC, 서울에 '꿈 도서관' 열어
http://www.etnews.com/news/people/2101313_1617.html
DailyGrid. bowi. 한국EMC, '꿈의 도서관 1일 독서 캠프' 개최
http://www.dailygrid.net/news/articleView.html?idxno=7418

한국 농수산 식품유통 공사

- **회 사 명**: 한국농수산식품유통공사
- **주　　소**: 서울시 서초구 강남대로 27 양재동 aT센터
- **전화번호**: 02-6300-1114
- **홈페이지**: www.at.or.kr

어릴 적 나에겐 정말 많은 꿈이 있었고,
그 꿈의 대부분은 많은 책을 읽을 기회가 많았기에 가능했다고 생각한다.

– 빌 게이츠

1 한국농수산식품유통공사는?

한국농수산식품유통공사는 우리나라의 수출과 유통을 통해 농식품산업을 이끌어 가는 공기업이다. 1967년 농어촌개발공사로 발족되었으며 1986년 농수산물유통공사로 확대되어 유통조성사업과 도매시장육성, 농수산식품 소비촉진사업으로 영역을 확장하였다. 2012년 한국농수산식품유통공사로 사명을 변경하였으며, 농수산식품산업지원을 강화하여 우리나라 농업의 성장을 도모하고, 전문기관으로서 노력하고 있는 기업이다.

한국농수산식품유통공사는 'aT비전2018'을 설정하여 농수산물에서 농수산식품으로 지원대상을 확대하여 다양한 사업을 포함할 수 있는 비전과 방향을 설정하였다. 수출 및 유통을 통해 일류 공기업을 목표로 농업인 및 어업인의 소득을 증대시키고 국민경제의 균형 있는 발전을 위해 새로운 비전을 세웠다.

2 꿈이 자라는 '꿈자람터'

2013년 7월 9일 고양시 드림스타트센터에 제1호 aT희망도서관 '꿈자람터'가 개관하였다. 한국농수산식품유통공사는 소외계층 아이들에게 희망을 전해주기 위한 사회공헌활동으로 앞으로도 저소득지역의 아동들을 위해 희망도서관을 지속적으로 설립할 예정이다.

aT희망도서관 설립은 고양시 킨텍스에서 열린 '2013 대한민국 식품대전(KOREA FOOD SHOW 2013)' 행사를 계기로 성사되었는데, 행사의 입장 수입금 전액과 임직원 급여의 일부를 합하여 aT사랑나눔기금을 모아 도서관을 설립하였다. 또한 고양시와 킨텍스는 아동도서 1,200여 권과 도서관 운영비용 일부를 기부하여 설립을 지원했다.

한국농수산물식품유통공사에서는 취약계층 아동의 정서함양과 학습지원을 도모하기 위해 도서관을 이용하는 아동들을 대상으로 '바른 식생활 교육'과 '김치 담그기' 등 식품과 관련된 프로그램을 추진해 나갈 예정이다.

3 변화모습

^ 꿈자람터 개관식

^ 꿈자람터 내부모습

내용 및 사진출처

한국농수산식품유통공사 홈페이지
http://www.at.or.kr
환경일보. 안상석. 제1호 aT희망도서관 '꿈자람터' 개관
http://www.hkbs.co.kr/hkbs/news.php?mid=1&treec=222&r=view&uid=267478
아주경제. 최종복. Korea Food Show가 만든 아름다운 기적
http://www.ajunews.com/kor/view.jsp?newsId=20130711000572

도서관을 만드는 아름다운 기업들

한국자산관리공사(KAMCO, 캠코)

- 회 사 명: 한국자산관리공사(캠코)
- 주 소: 서울시 강남구 강남대로 450
- 전화번호: 1588-3570
- 홈페이지: www.kamco.or.kr

Life-transforming ideas have always come to me through books.

나는 삶을 변화시키는 아이디어를 항상 책에서 얻었다.

– 벨 훅스

1 한국자산관리공사(캠코)는?

한국자산관리공사(캠코)는 '금융회사 부실자산 등의 효율적 처리 및 한국자산관리공사의 설립에 관한 법률'에 근거하여 설립된 준정부기관이다. 금융회사의 부실채권을 인수, 정리하고 구조조정기금과 국민행복기금을 관리・운용하고 있다. 또한 신용회복지원, 체납조세업무, 전자자산처분시스템인 '온비드'를 관리・운영하고 있다.

사회공헌을 위해 캠코에서는 '희망 프로보노 봉사단'을 만들어 자발적으로 봉사활동을 실천하면서 따뜻함을 나누고 있다. 희망 프로보노 봉사단은 과거 한마음 봉사단으로 불려졌으며 기존 봉사단에서 노력봉사와 전문봉사라는 봉사내용을 추가하여 공기업으로서 소외된 이웃을 위해 노력하고 있다.

2 옥거리 작은도서관

캠코는 강릉지역에 3층 규모의 강원지역본부 신사옥을 준공하고 1층을 강릉시민도서관으로 지어 강릉시에 무상으로 기증하였다. 기증된 도서관의 이름은 '옥거리 작은도서관'으로, 2012년 10월 4일 11시 강릉시 경강로 2157 한국자산관리공사 강원지역본부 1층에서 장영철 캠코 사장과 최명희 강릉시장, 권성동 강릉시 국회의원, 김상표 강원도 경제부지사 등 옥천동 지역주민을 포함하여 250여 명이 참석한 가운데 옥거리 작은도서관 개관식이 열렸다. 이때 캠코는 옥천동에 거주하고 있는 소외계층 지역주민 100여 명을 별도 초청하여 점심식사를 함께하며 식을 진행하였다.

기념사에서 캠코의 장영철 사장은 강원도민들이 보다 나은 서비스를 이용할 수 있도록 하고 기업의 사회적 책임을 다하면서 나눔의 문화를 적극적으로 실천하기 위해 옥거리 작은도서관을 만들었으며, 이러한 작은도서관 만들기 운동이 지속적으로 확산되길 바라는 마음으로 도서관을 개관하였다고 밝혔다. 옥거리 작은도서관이 개관함으로써 누구나 도서관을 가까이에서 이용할 수 있게 되었고 강릉지역에 하슬라, 안땔, 남산, 솔올꿈나무 도서관 등 12개의 크고 작은 도서관이 운영되고 있다.

캠코 강원지역본부 사옥은 강릉시 경강로 2157 지상 3층 건물로 지어졌으며 총 50억 원의 예산이 투입되었다. 이 건물 1층 142m^2 면적으로 도서관이 운영되고 173m^{2}의 강당은 강릉 시민들이 문화공간으로 활용할 수 있도록 캠코에서 제공하였다. 도서관은 어린이, 성인 모두 이용할 수 있으며 오전 10시부터 오후 7시까지 이용이 가능하다.

옥거리 작은도서관 개관식

옥거리 작은도서관 정문 모습

내용 및 사진출처

한국자산관리공사 캠코 홈페이지
http://www.kamco.or.kr
한국자산관리공사 캠코 홈페이지 알림마당 보도자료
http://www.kamco.or.kr/home/pub/01_02.jsp
강릉시립도서관 홈페이지 작은도서관 소개
http://www.gnslib.or.kr/board/skin/small_lib/view.jsp?Tb=7sub1&Idx=12&str_Page=2
디지털타임스. 길재식. 캠코, 강릉 주민과 함께 쓰는 '이색 사옥'준공
http://www.dt.co.kr/contents.html?article_no=2012100502012169741002
연합뉴스. 유형재. 캠코강원본부 사옥 준공… '작은 도서관'기증
http://news.naver.com/main/read.nhn?mode=LPOD&mid=etc&oid=001&aid=0005845248

도서관을 만드는 아름다운 기업들

한국지역난방공사

- 회 사 명: 한국지역난방공사
- 주 소: 경기도 성남시 분당구 분당로 368
- 전화번호: 1688-2488
- 홈페이지: www.kdhc.co.kr

The love of learning, the sequestered nooks,
and all the sweet serenity of books.

배움에 대한 애정과 세상을 등진 외딴곳. 책이 주는 그 모든 달콤한 평온.

– 헨리 워즈워스 롱펠로우

1 한국지역난방공사는?

한국지역난방공사는 주거 및 상업지역 등에 집단에너지 공급을 효율적으로 수행하기 위하여 1985년 11월 설립된 법인단체이며 공기업으로서, 사회적인 책임을 다하여 국민에게 행복을 전하고 사랑받기 위해 노력하는 기업이다. 한국지역난방공사에서 진행하는 주요 사업에는 아파트 또는 상업용 건물들에 열난방시설을 설치하지 않고 대규모 열생산시설에서 생산된 온수를 지역에 공급하여 난방을 해주는 시스템인 '지역난방'과 냉방시스템인 '지역냉방', '전력사업', 구역형 집단에너지사업 'CES' 등이 있다.

한국지역난방공사에 신청하면 대기환경에 대한 수업과 에너지 절약에 대한 교육을 받을 수 있다. 또한 지역 냉·난방의 원리, 매립가스 및 지열을 이용한 에너지 등에 대한 교육을 받을 수 있다.

한국지역난방공사 로고

한국지역난방공사에서는 '행복나눔단'이라는 봉사단을 창단하여 나눔경영을 실천하기 위해 노력하고 있다. 행복나눔단은 작은 나눔부터 큰 나눔까지 실천하면서 세상을 따뜻하게 변화시켜나가기 위해 다양한 사회공헌활동을 진행하고 있다. 희망에너지를 전달하기 위한 사회사랑사업으로는 폐광촌 인재양성 지원과 다문화가정 지원, 나눔문화 확산, 사랑의 울타리 지원 등이 있으며 나눔에너지·녹색에너지를 전하기 위한 사업들도 운영하고 있다. 몽골에 도서관을 지어준 이 사업은 한국지역난방공사의 첫 해외사회공헌활동이다.

2 몽골에 피어난 함박웃음

한국지역난방공사는 몽골에 어린이도서관을 지어주는 사업을 2013년 초부터 시작하였는데, 이 사업은 2011년 한국국제협력단(KOICA)이 공적개발원조의 일환으로 지역난방 설비를 몽골지역에 지원해주고 기계실의 남는 공간에 어린이들을 위해 도서관을 지어준 것이다. 그래서 2013년 6월 울란바토르시와 굿네이버스 몽골지부와 협약을 맺어 기계실 벽에 예쁜 벽화를 그렸다. 지역난방공사 직원들이 있는 봉사단체 '행복나눔단'이 직접 도서관벽화를 그리는 데 참여하였다. 앞마당엔 테이블과 벤치를 설치하였고 도서관의 밖 차도에 인도를 만들어 어린이들이 안전하게 도서관에 올 수 있도록 하였다.

울타리를 칠하고 있는 행복나눔단

2013년 9월 4일 개관식을 가진 이 도서관 내부에는 몽골어와 한국어, 영어로 된 어린이 도서 1,500여 권과 교육용 DVD가 비치되었고, 지역난방공사가 컴퓨터를 기증해서 컴퓨터 학습실도 설치되었다.

몽골 울란바토르 어린이도서관 개관식 기념공연

도서관 모습

한국지역난방공사가 만들어준 도서관을 통해 학교 및 교육시설이 부족한 몽골의 어린이들이 더 넓은 세상을 배워나갈 수 있게 되었다.

내용 및 사진출처

한국지역난방공사 홈페이지
http://www.kdhc.co.kr
동아일보. 문병기. 몽골 동심에 온정을 지피다
http://news.donga.com/View?gid=57955791&date=20131002
한국지역난방공사 네이버 블로그. 몽골 울란바토르시 어린이도서관 개관 기념식[한국지역난방공사 DREAM]
http://kdhc_blog.blog.me/197459413

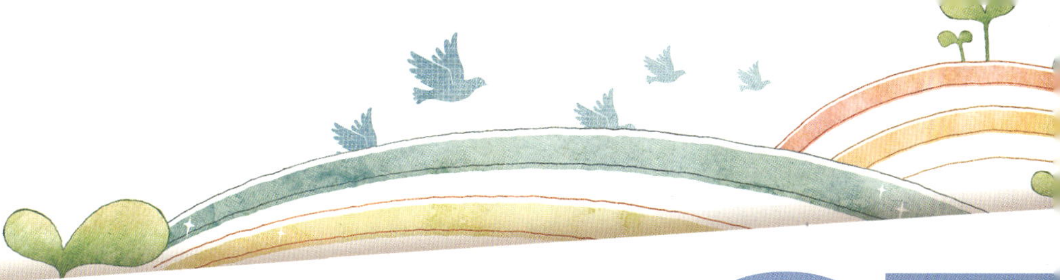

3 Chapter

캠페인: 고맙습니다 작은도서관

1. '고맙습니다 작은도서관' 추진 주체기관
2. '고맙습니다 작은도서관' 캠페인은?
3. '고맙습니다 작은도서관'은 어디에 있을까?

도서관을 만드는 아름다운 기업들

캠페인 : 고맙습니다 작은도서관

- **캠 페 인 명:** 고맙습니다 작은도서관 캠페인 – 1사 1작은도서관 운동
- **캠페인 주체:** MBC, 문화체육관광부, UN ST-EP재단
- **캠페인 기간:** 2007년 8월~
- **캠페인 URL:** http://www.nl.go.kr/sml/Submenu5/thank.php
  http://welfare.imbc.com/slibrary

좋은 책을 읽는다는 것은 과거의 가장 훌륭한 사람들과 대화하는 것이다.

– 르네 데카르트

1 '고맙습니다 작은도서관' 추진 주체기관

국립중앙도서관

국립중앙도서관은 국가문헌의 보고로 1945년 개관한 이래, 국내에서 발행된 출판물과 지식정보를 망라하여 수집하고 체계적으로 정리하여 국민에게 제공하는 대한민국의 국가도서관이다. 국립중앙도서관은 도서관협력망의 중앙관으로서 전국 658개 공공도서관이 16개 지역대표관을 중심으로 지역실정에 맞는 협력사업을 개발·운영할 수 있도록 하는 역할을 하고 있다. 또한 국내외 자료의 수집, 정리, 분석, 보존, 축적 및 공중에의 이용, 각종 서지의 작성 및 표준화와 국제표준자료번호제도의 운영, 국내외 도서관과의 협력 및 자료의 교환, 독서의 생활화를 위한 시책의 수립 및 실시 등의 임무를 띤다.

국립중앙도서관은 '고맙습니다 작은도서관' 사업전반의 지도와 지원을 하였다.

국립중앙도서관은 서울특별시 서초구 반포대로 201에 위치하고 있으며 대표전화번호는 02)535-4142이다.

MBC

MBC는 공익재단인 방송문화진흥회를 대주주로 두고 경영은 광고수익에 의존하는 주식회사 형태의 공영방송사이며 신뢰도와 호감도, 시청률과 영향력 측면에서 늘 대한민국 1등을 차지해온, 시청자의 가장 큰 사랑을 받고 있는 방송사이다.

MBC는 '고맙습니다 작은도서관'의 조성 희망지역 신청 접수 및 기업 후원의 유치와 홍보를 맡아 수행하였다.

MBC는 서울특별시 영등포구 여의도동 31번지에 위치하고 있으며 전화번호는 02)789-0011이다.

MBC 시사교양특집 94회 캡처화면

UNWTO ST-EP재단

스텝(ST-EP)재단은 2004년 설립되어 지속가능한 관광과 교육을 통한 빈곤퇴치를 목표로 한 유엔 특별기구로 2007년부터 교육환경이 열악한 18개국, 134곳에 'UN MDGs 고맙습니다 작은도서관'을 조성했다. HIV에 시달리고 있는 아이들을 위한 동화책 'Going out'과 새마을운동을 통한 빈곤탈출의 희망을 담은 '주목할 만한 세 잎사귀'를 펴내기도 한 재단이다.

스텝재단은 유엔세계관광기구(UNWTO)의 산하기구였지만 2013년 11월 6일 '지속가능한 관광을 통한 빈곤퇴치 국제 조직'의 창립 회의를 개최하여 유엔세계관광기구로부터 독립해 '지속가능한 관광을 통한 빈곤퇴치 국제 조직(International ST-EP Organization)'을 꾸리게 되었다.

스텝재단의 'TYSL(Thank You Small Library)'은 한국의 '고맙습니다 작은도서관'을 모델로 시행하고 있으며 'TYSL'프로젝트를 실현하기 위해, 국가관광 행정부, 문화부, 한국문화체육관광부, 한국 국제협력단, 서울 송파구 사무실, 기타 전문 협력업체 및 협회, POSCO, KB국민은행, 한국수출입은행, 한국국립중앙도서관, MBC 등의 공공 및 민간 파트너들과 협력하고 있다.

스텝재단은 '고맙습니다 작은도서관' 캠페인에서 저개발국가를 대상으로 작은도서관 국외 모델을 보급하는 역할을 하였다.

ST-EP재단의 Thank You Small Library

2 '고맙습니다 작은도서관' 캠페인은?

'고맙습니다 작은도서관'은 국립중앙도서관에서 민간기업 등의 참여를 통한 지역단위 작은도서관을 조성하는 캠페인으로 2007년 9월부터 시작했다. '고맙습니다 작은도서관' 운동에 참가하는 3개의 기관은 2007년 7월 31일, 이 운동을 공동주관하기로 MOU를 체결하고 민간기업의 후원금 유치를 통한 작은도서관을 조성하여, 지역주민들에게 지식정보 및 커뮤니티공간을 마련해 주는 마을단위의 작은도서관을 확충하는 사업을 추진하였다. 추진 주체인 3개의 기관이 역할을 분담하여 각 사업의 전반적인 지도·지원, '고맙습니다 작은도서관'의 조성희망지역 신청 접수 및 기업 후원의 유치와 홍보운영, 저개발국가를 대상으로 작은도서관 국외 모델 보급 등을 하고 있다. 그 외에도 한국문화예술위원회가 협조기관으로 기부금의 접수를 맡아 운영하고 있다.

^ 고맙습니다 작은도서관 로고

작은도서관 조성을 희망하는 곳은 '고맙습니다 작은도서관' 홈페이지(http://welfare.imbc.com)를 통해 신청하면 된다. 신청한 자료를 토대로 해당하는 시·도(시·군·구)에서 현황 조사를 한 후 구체적인 조성지와 대상을 선정한다. 작은도서관 조성지역 선정은 후원기업이 희망하는 지역을 우선으로 하며, 학교 내에 작은도서관이 조성될 경우에는 학교도서관의 지역사회 주민의 공동이용을 전제로 지원한다.

'고맙습니다 작은도서관'은 1개소 전용면적(165m^2)을 기준으로 최고 1억원 정도를 지원한다. 내부공간은 열람공간, 모임공간, 안내공간 등을 포함한 통합공간으로 리모델링하고 서가, 도서, 디지털자료, 컴퓨터, 프린터 등의 적정소요 물자를 지원한다.

국내 첫 번째로 전라남도 신안군 증도면에 '고맙습니다 증도 작은도서관'을 시범 조성·개관하였으며, 저개발국가를 대상으로 아프리카 가나(아보코비, 단파)에 '고맙습니다 작은도서관(Thank You Small Library)' 모델을 시범 적용하여 캠페인을 본격적으로 시작하였다.

3 '고맙습니다 작은도서관'은 어디에 있을까?

'고맙습니다 작은도서관'은 2013년 11월 현재 총 39개관을 개관하였다.

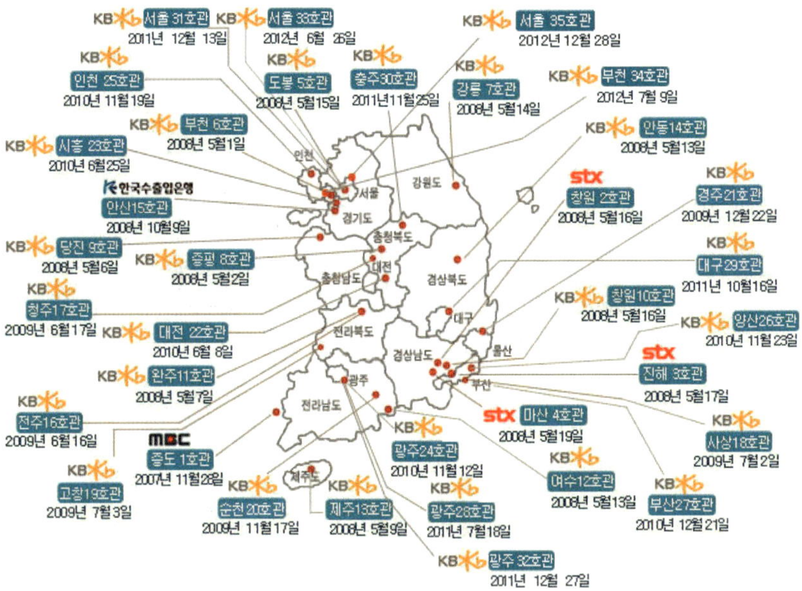

국내 '고맙습니다 작은도서관' 조성 현황(2012년 기준)

국내 '고맙습니다 작은도서관' 현황

도서관 이름	지원기업	개관시기	소재지
고맙습니다 증도 작은도서관	MBC	2007. 11. 28	전라남도 신안군 증도면 증동리
고맙습니다 소계 작은도서관	STX	2008. 5. 16	경상남도 창원시 소계동 714-8번지 소계민원센터 2층
고맙습니다 글벗나래 작은도서관	STX	2008. 5. 21	경상남도 진해시 덕산길 169 동진여자중학교 본관 2층
고맙습니다 경남대 작은도서관	STX	2008. 5. 21	경상남도 마산시 대내동 1번지 경남대학교 평생교육관 1층
고맙습니다 도란도란 작은도서관	KB국민은행	2008. 5. 1	경기도 부천시 오정구 고강본동 324-4 고강복지회관 3층

도서관 이름	지원기업	개관시기	소재지
고맙습니다 도담도담 작은도서관	KB국민은행	2008. 5. 1	충청북도 증평군 증평읍 초중리 533-1번지 한라비발디아파트 관리동 2층
고맙습니다 책으로 행복한 LOHAS 강릉 작은도서관	KB국민은행	2008. 5. 14	강원도 강릉시 시청로 66
고맙습니다 배꽃뜰 작은도서관	KB국민은행	2008. 5. 2	전라북도 완주군 이서면 상개리 586번지
고맙습니다 민들레 작은도서관	KB국민은행	2008. 5. 6	전라남도 여수시 미평동 284번지
고맙습니다 먼달 작은도서관	KB국민은행	2008. 5. 16	경상북도 안동시 정하동 240-2번지 현진에버빌 1차 관리사무소 2층
고맙습니다 원당꿈초롱 작은도서관	KB국민은행	2008. 5. 7	충청남도 당진군 당진읍 원당리 1251 원당마을 아파트 관리동 2층
고맙습니다 홍익 작은도서관	KB국민은행	2008. 5. 13	제주특별자치도 제주시 삼양2동 2181-3
고맙습니다 내동 작은도서관	KB국민은행	2008. 5. 9	경상남도 창원시 내동 456-2
고맙습니다 초록나라 작은도서관	KB국민은행	2008. 5. 13	서울특별시 도봉구 도봉1동 576-17호
고맙습니다 안산다문화 작은도서관	한국수출입은행	2008. 10. 9	경기도 안산시 단원구 부부로 43
고맙습니다 꿈드리 작은도서관	KB국민은행	2009. 6. 16	전라북도 전주시 완산구 삼천1가 290-8번지 남양아파트 복지동 2층
고맙습니다 드림 작은도서관	KB국민은행	2009. 6. 30	충청북도 청주시 상당구 서문동 198-3
고맙습니다 보물섬 작은도서관	KB국민은행	2009. 7. 3	부산광역시 사상구 모라3동 520-1 모라종합사회복지관 2층
고맙습니다 고수해마루 작은도서관	KB국민은행	2009. 7. 15	전라북도 고창군 고수면 황산리 308-13
고맙습니다 풍덕글마루 작은도서관	KB국민은행	2009. 11. 17	전라남도 순천시 풍덕동 1274-16
고맙습니다 해송 작은도서관	KB국민은행	2009. 12. 22	경상북도 경주시 감포읍 감포3리 54-2

도서관 이름	지원기업	개관시기	소재지
고맙습니다 둥근빛 작은도서관	KB국민은행	2010. 6. 8	대전광역시 대덕구 안산도서관실 151
고맙습니다 시흥다문화 작은도서관	KB국민은행	2010. 6. 25	경기도 시흥시 정왕동 1366-6
고맙습니다 두암3동 작은도서관	KB국민은행	2010. 11. 12	광주광역시 북구 삼정로 3번길 25
고맙습니다 솔향기 작은도서관	KB국민은행	2010. 11. 19	인천광역시 동구 송현동 156번지
고맙습니다 물구나무 작은도서관	KB국민은행	2010. 11. 23	경상남도 양산시 삼호동 535-10 서창동 주민센터 2층
고맙습니다 글마루 작은도서관	KB국민은행	2010. 12. 21	부산광역시 중구 영주동 95-13
고맙습니다 아리솔 작은도서관	KB국민은행	2011. 7. 14	전라북도 광주광역시 서구 화개1로 59-3
고맙습니다 신천3동 작은도서관	KB국민은행	2011. 10. 16	대구광역시 동구 신천3동 80-2
고맙습니다 사과나무 작은도서관	KB국민은행	2011. 11. 25	충청북도 충주시 봉현로 107
고맙습니다 성산글마루 작은도서관	KB국민은행	2011. 12. 13	서울특별시 마포구 성산동 450
고맙습니다 방림2동 작은도서관	KB국민은행	2011. 12. 27	전라북도 광주광역시 남구 방림2동 73-2
고맙습니다 하난곡 작은도서관	KB국민은행	2012. 6. 26	서울특별시 관악구 난우10가길 20-7
고맙습니다 햇살이 가득한 작은도서관	KB국민은행	2012. 7. 9	경기도 부천시 원미구 심곡2동 주민센터 1층
고맙습니다 초지 작은도서관	KB국민은행	2012. 12. 28	경기도 안산시 초지동 606-1
고맙습니다 향촌 작은도서관	KB국민은행	2012. 11. 29	인천광역시 남동구 만수동 향촌아파트 단지
고맙습니다 성정1동 작은도서관	KB국민은행	2012. 12. 24	충청남도 천안시 서북구 선영8길 7
고맙습니다 생명가족 작은도서관	KB국민은행	2012. 12. 28	서울시 성북구 하월곡동 생명의전화 종합사회복지관 3층
고맙습니다 혜윰마루 작은도서관	KB국민은행	2013. 11. 13	전라북도 광주광역시 광산구 월곡2동 주민센터 3층

고맙습니다 초록나라 작은도서관

이 도서관은 기존의 환경이 열악한 어린이도서관을 리모델링을 통해서 새롭게 개관한 도서관이다. 교육환경이 열악하고 저소득, 한부모가정, 방임아동이 많은 지역으로 그들을 위한 프로그램을 운영하고 있으며, 여성 자원봉사자들이 적극적으로 도서관 운영 및 프로그램에 참여하고 있는 것이 특징적이다. 향후에 북아트, 독서자료, 자녀교육 등에 대한 대주민 공개강좌를 진행할 예정이다.

초록나라 작은도서관이 위치한 서울 도봉1동의 경우에는 개발이 제한되어 왔기 때문에, 저소득층 가정이 가장 밀접해 있는 곳이다. 도봉구 중에서도 저소득 한부모가정, 조부모가정이 가장 많고 인근 초등학교만 보더라도 전교생 850명 중 150명의 아이들이 급식지원을 받고 있는 실정이다. 가정에서 제대로 보살핌을 받기 힘든 경우가 많기 때문에 방과 후에 아이들이 마땅히 갈 곳이 없다. 학원을 다닐 수 있는 아이들이 많지 않기 때문이다. 고맙습니다 작은도서관 조성사업이 이루어지면서, 소요 비용 일부를 기존에 초록마을 작은도서관에 있던 회원들 60명이 매달 5,000원씩 모았고, 그 돈을 포함하여 고맙습니다 초록마을 작은도서관을 설립하게 되었다. 설립 후에는 도서관에서 다양한 프로그램이 운영되었다. 특히 '찾아가는 도서관서비스'를 통해서 장애인이나 미취학아동이 있는 어린이집, 소외아동이나 사정이 허락하지 않아 도서관에 오지 못하는 이들에게 찾아가는 서비스를 운영하고 있다. 즉, 저소득 한부모가정 아이들 23명에게 8명의 책 배달지기들이 무료로 1주일에 한 번 3권의 책을 배달하고, 인근 장애인시설에 1주일에 한 번씩 책을 읽어주고 있다. 또한 외국문화를 접할 수 있는 기회도 얻을 수 있게 되었다. 초록마을 작은도서관은 없어서는 안 될 문화시설로 자리 잡아가고 있다.

고맙습니다 도란도란 작은도서관

이 도서관은 경기도 부천시 오정구에 있는 복지회관 내에 위치하고 있다. 복지회관 내의 공립문고를 작은도서관으로 리모델링을 하였다. 인근에는 다세대가구가 밀집해 있고 공항 근처의 고도제한구역이라서 문화센터나 공공도서관, 체육센터 등이 거의 없기 때문에 작은도서관의 필요성이 더욱 크다.

당시 도란도란 작은도서관은 1999년 고강복지회관 내 독서실로 문을 열었고, 2001년 복지회관에서 자체 운영하는 어린이도서관으로 이용되어 오다가 2002년 부천시와 위탁 협약을 체결하여 매년 운영비를 지원하는 공립문고로 개관하였다. 그러나 공립문고로 5년 이상 운영되다 보니 회원도 늘어나고 이용자 수도 점점 늘어나는데 15평의 협소한 공간으로는 정상적인 도서관 운영이 어려워졌다. 하지만 국민은행의 리모델링 지원을 통해서 도서관 공간을 45평으로 늘릴 수 있게 되었다. 또한 자원봉사들의 노력으로 '책 읽어주는 방', 인형극 동아리 '계수나무'의 활동 등 다양한 공간을 이용하여 다양한 프로그램을 시도해 볼 수 있게 되었다.

고맙습니다 로하스 강릉 작은도서관

고맙습니다 로하스 강릉 작은도서관은 강릉시청 건물 18층 행정자료실을 작은도서관으로 리모델링하여 개관한 도서관이다. 지역주민에게 복합적인 문화공간으로 기능하기 위하여 북카페 콘셉으로 실내 인테리어를 갖추었고 전시 및 공연시설을 함께 마련하였다. 동해와 백두대간이 내려다보이는 전망대를 자랑하는 작은도서관이다.

당시 강원도 강릉시청 18층의 로하스는 시청 건물 꼭대기의 행정자료실로서, 이름뿐인 전망대가 있는 시민들의 발걸음이 닿지 않는 곳으로 방치되어 있었다. 시청 건물에는 민원실을 제외하고 시민들의 공간이 전무했기 때문에 시민들에게 휴식과 문화혜택을 서비스할 수 있는 공간이 필요했다. 이러한 상황에서 KB국민은행의 지원사업으로 작은도서관이 북카페 콘셉으로 조성될 수 있었다. 또한 시민의 독서 요구를 반영하여 리더십 · 재테크 · 강릉출신 작가 · 역사 · 소설 · 수필 · 어린이 등 다양한 주제별로 자료를 정리하였다. 휴식의 공간을 조성하기 위해서 다양한 계층별 독서 프로그램을 마련하고, 피아노, 조명, 음향시설을 구비하여 공연 및 전시공간을 따로 마련하여 휴식과 문화생활을 동시에 즐길 수 있게 되었다.

고맙습니다 도담도담 작은도서관

고맙습니다 도담도담 작은도서관은 충북 증평군에 위치한 도서관으로서, 충북 증병군 내 광범위한 지역에서 지역주민이 하나의 작은도서관을 이용하였다. 그러나 거리의 제약으로 인해 작은도서관 건립의 필요성이 컸던 중 한 아파트 주민의 신청에 의해 조성지로 선정되었고, 지자체 등과의 연계 없이 순수하게 지역주민들의 손에 의해 조성사업이 추진되어서 남다른 매력을 지니고 있는 작은도서관이다.

당시 도담도담 작은도서관이 들어선 곳은 아파트 관리사무소 건물의 2층, 처음 분양 시 문고를 만들 계획이었으나 지금까지 빈 공간으로 방치해 두고 있었다. 이곳이 작은도서관 조성지로 선정되면서 주민들을 위한 작은도서관을 조성하기 위해 '도서관주민자치조성위원회'가 발 빠르게 조성되었다. 그러면서 '도서관주민자치조성위원회'에 속한 주민들이 모여서 자신의 마을에서 필요한 도서관 건립을 위해서 직접 리모델링 업체를 선정하는 데 발 벗고 나섰다. 작은도서관에 필요한 집기나 물품 등은 관련 업종에 종사하는 주민들이 자진해서 기증하기에 나섰다. 리모델링에 들어가는 비용지원은 KB국민은행에서 해주었지만, 마을에 정말 필요한 작은도서관을 만들기 위해 '도서관주민자치조성위원회'가 스스로 만들어갔다. 이후에 이곳은 주민들이 마음 편하게 책을 읽을 수 있는 공간으로 자리 잡아가고 있다.

고맙습니다 원당꿈초롱 작은도서관

고맙습니다 원당꿈초롱 작은도서관은 인근에 초·중·고등학교가 있고 아파트 밀집지역으로 임대주공아파트 등 3,000세대 주민이 거주함에도 문화시설이 전무한 상태였기 때문에 설립되게 되었다. 주민들이 적극적으로 도서관 유치를 희망하여 시립문고 설치를 준비하던 중 작은도서관 조성지로 선정되어 건립된 것이다.

작은도서관 인근 주변에 초·중·고등학교가 있어서 학생들과 지역주민들이 밀집되어 있다. 이러한 이점을 지니고 있기 때문에 공공도서관 못지않게 높은 이용률을 보였다. 작은도서관이 생기기 전에는 주변에 위치한 공공도서관에 가기 위해서 차편을 이용해야 할 정도로 거리가 있었고 주변에는 문화기관조차 없어서 문화생활을 영위하는 것이 어려운 실정이었다. 그러다 보니 인근 주민들의 문화 욕구가 클 수밖에 없었다. 그래서 주민들이 자발적으로 사립문고를 준비하고 있던 차에 고맙습니다 작은도서관 조성지로 선정되어 지금의 도서관이 생겨나게 된 것이다. 이후 도서관에서는 입구에 전시 갤러리를 만들어서 문화예술품을 전시하거나 화가, 예술가, 시인들이 참여할 수 있는 길을 만들어 놓아 주민들이 마음껏 문화생활을 즐길 수 있게 되었다.

고맙습니다 먼달 작은도서관

고맙습니다 먼달 작은도서관은 미술학원을 리모델링하여 개관한 도서관으로 접근성이 매우 좋다. 작은도서관이 개관하기 전 당시에는 기존에 3km 이상 떨어진 곳에 있는 도서관이나 이동도서관을 이용해야만 했기에 주민들의 불만이 컸고, 주변에 문화시설 유치에 대한 주민들의 요청이 계속되어 왔었다. 그러던 중 KB국민은행의 고맙습니다 작은도서관 조성사업을 통해서 작은도서관이 개관하면서 주민들의 호응이 커졌다. 고맙습니다 먼달 작은도서관은 미술학원을 리모델링하였기 때문에 아파트 단지 내의 접근성이 좋은 곳에 자리 잡게 되었다.

고맙습니다 내동 작은도서관

고맙습니다 내동 작은도서관은 기존의 내동사회교육센터 내 마을도서관을 리모델링하여 작은도서관으로 다시 개관한 도서관이다. 인근에 국가산업단지와 사원 아파트가 밀집되어 있고 이주 외국인이 많이 거주하고 있는 지역이라서 아동들을 위한 방과 후 공부방 프로그램을 활성화시켜 왔다. 여성과 아동 특화도서관을 지향하며 실용적인 프로그램 개발에 집중시키고 있다.

이 도서관은 경남 창원시 평생학습시설인 내동사회교육센터를 리모델링하여 개관한 도서관이다. 이 도서관의 주 이용자들은 여성과 아이들로 예상하였기 때문에 공간 구성은 물론 프로그램 운영에 이르기까지 '여성과 아동특화도서관'을 지향했다. 좌석 형태로 된 '엄마랑 아가방 책방'이라는 공간 등을 그 예로 볼 수 있다. 이는 엄마와 아이들을 배려한 사항이었다. 내동 작은도서관을 이용하는 이용자들은 도서관에서 여러 사람들을 만나 교제하고 프로그램에 참여하여 이웃과의 벽도 허물고 친해졌으며, 이 도서관이 개관함으로써 교육의 사각지대에 있던 아이들에게도 큰 도움이 되었다.

고맙습니다 배꽃뜰 작은도서관

고맙습니다 배꽃뜰 작은도서관은 전라북도 완주군 이서면 상개리에 위치한 도서관이다. 이 도서관은 PC방 공간을 작은도서관으로 리모델링하여 개관한 도서관이다. 도농복합지역이며 혁신도시 예정지로서 문화공간에 대한 수요가 컸으며 앞으로 학생 및 지역주민들의 이용이 급증할 것으로 예상이 된다. 특히, 주민자치센터와 연계하여 프로그램을 운영하고 있기 때문에 향후 충분한 운영인력 확보가 가장 중요한 과제로 남아 있다.

이 도서관이 위치한 이서지역은 서민아파트와 농촌이 공존하는 도농복합지역으로서 문화공간이 거의 없다시피 했다. 완주군 도서관이 유일한 도서관인데 너무 멀리 위치하여 있어서 군 도서관에서 운영하는 이동도서관만이 이서지역 사람들이 접할 수 있는 유일한 도서관 서비스였다. 게다가 초등학교와 중학교도 인근에 있어서 일반 지역주민은 물론 학생들을 위한 문화공간이 절대적으로 필요한 상황이었다. 이에 완주군청 문화관광과에서 주민들의 요구를 수렴하여 작은도서관 조성사업을 적극 활용해 리모델링을 주도하였다. 이서지역은 다양한 연령과 직업을 가진 사람들이 골고루 분포하고 있었기 때문에 배꽃뜰 작은도서관은 리모델링 시 특정한 타깃층을 정하지 않고 남녀노소 누구나가 편하게 즐길 수 있는 공간으로 연출했다. 누구나 자유롭게 도서관을 이용하도록 하여 이용자에게 친근하게 다가갈 수 있었다. 또한 주민자치센터 내에 위치한 배꽃뜰 작은도서관은 주민들의 접근성이 좋을 뿐만 아니라 주민자치센터와 연계하여 다양한 문화프로그램을 운영할 수가 있어서 개관하자마자 주민들에게 좋은 반응을 얻었다.

고맙습니다 민들레 작은도서관

고맙습니다 민들레 작은도서관은 전라남도 여주시에 위치하고 있다. 이 도서관은 마평사회복지관 내의 여러 공간을 통합하여 작은도서관으로 리모델링하였다. 이 작은도서관은 사회복지관과 연계되어 있기 때문에 종합복지 서비스를 제공할 수 있고, 지역 내 초·중·고등학교가 있어서 이용률이 상당히 높은 편이다. MBC에서 생방송한 '고맙습니다 작은도서관'에 소개된 바 있으며 향후 소식지 발간, 후원처 개발, 전문인력 채용 등의 계획을 가지고 있다.

문화활동이나 다양한 활동을 지속하여 진행하는 데 제한이 있었는데, KB 국민은행의 작은도서관 후원으로 건립되면서 다양한 변화가 생겨났다. 특히 초·중·고등학교가 모두 밀집되어 있는 곳이다 보니 접근성과 이용률이 상당히 좋았고, 이러한 환경은 학생들이 저녁에 도서관에 와서 숙제도 하고 선생님이 공부도 가르쳐주는 공부방의 역할을 하게 되었다. 또한 열람실에 동아리실 및 모임공간으로 활용할 수 있는 공간을 만들었고, 그로 인해 음악동아리의 활동도 가능해지고 자료도 검색이 가능했다. 고맙습니다 민들레 작은도서관이 개관함으로써 건전한 놀이문화를 정착시킬 수 있게 되었다.

고맙습니다 홍익 작은도서관

고맙습니다 홍익 작은도서관은 제주특별자치도 제주시 삼양에 위치하고 있다. 이 도서관은 지역아동센터의 프로그램실을 리모델링하여 작은도서관으로 개관한 도서관으로 아동 교육과 문화혜택 서비스에 대한 주민들의 요구 기대치가 높다. 아동복지센터 때부터 아동을 위한 프로그램을 진행해 왔기 때문에 아동프로그램이 발달되어 있어 지역의 학생과 학부모들에게 큰 호응을 받고 있으며 향후 아파트 조성이 예정되어 있어서 많은 발전 가능성을 지닌 도서관이라고 할 수 있다.

도서관이 건립되기 전에는 제주의 농·어촌 지역으로 학교, 은행, 주민센터 등이 바로 가까이에 있는데도 변변한 도서관 하나 없었다. 아이들끼리 몰려다니면서 게임을 하거나 배회를 하는 경우가 많아 아동을 위한 문화공간이 절실히 필요했고, 이를 위해 제주도에 고맙습니다 홍익 작은도서관이 건립되었다. 이 도서관을 통해서 아동들에게 문화혜택이 골고루 돌아가게 되었고 더 나아가 방치되는 아이들이 없도록 아이들을 보호하는 역할도 가능하게 하였다. 특히 '책 읽어주기'라는 프로그램은 독서를 권장하고 독서치료의 효과까지도 겸할 수 있도록 진행된다. 책을 읽기 전, 서로 대화를 나누고, 책을 읽어준 다음 서로의 감상과 의견을 나누며 응용 활동까지 함께할 수 있어 인기가 많다. 또한 분기별로 '가족독서캠프'를 새로 진행하여 지역주민에게 더욱 가까이 다가갈 수 있도록 변화했다.

책 읽기에 푹 빠진 아이

고맙습니다 작은도서관에서 지원하는 문화프로그램

이 캠페인은 국내뿐만 아니라 베트남, 캄보디아, 아프리카 등 전 세계 여러 나라와 지역에 고맙습니다 작은도서관을 지원하였다.

베트남의 Tan Quy Elementary School

베트남의 호치민에 위치한 Tan Quy Elementary School에는 도서 1,000여 권을 지원하였고, 그뿐만 아니라 책상, 책장, 걸상, 컴퓨터, 선풍기, 칠판과 연필, 펜 등의 문구류를 지원하였다. 특히 학교에서 요구한 문구 및 선풍기, 컴퓨터 등을 지원하였다는 것이 큰 특징이다.

베트남의 Trong Thcs Le Loi Secondary School

베트남의 호치민에 위치한 Trong Thcs Le Loi Secondary School에도 역시 도서 1,000여 권의 도서를 지원하였다. 또한 책상, 책장, 걸상, 컴퓨터, 선풍기, 칠판과 문구류 등을 지원하였고 간단한 구급약품 및 축구공 역시 비치하였다. 도서관은 기존의 사서 및 학교 시설을 적극 활용함으로써 비용 대비 효과를 극대화하였다.

캄보디아의 Phnom Kraom Elementary School

캄보디아의 씨엠립에 위치한 Phnom Kraom Elementary School에는 도서 1,000여 권을 지원하였으며 책상, 책장, 걸상, 컴퓨터, 냉방시설 등을 지원하였다. Phnom Kraom Elementary School은 하루에 적어도 8시간 동안 태양이 내려쬔다는 지역적인 특성을 이용하여 태양광 발전지를 비치하였다. 이 학교에는 영어교사를 채용하여 영어교육과정을 운영하게 하였다. 도서관에서 1일 1회 간식을 제공하여 빈곤층 여성과 아동을 도서관으로 유도하고, 한국의 이미지를 제고하였다. KB국민은행이 도서관을 조성할 뿐만 아니라 최초 1년간은 운영비를 지원하기로 한 것이 큰 특징으로 볼 수 있다.

내용 및 사진출처

LG유플러스 CSR팀. 2013. 『2012 지속가능경영보고서』. 서울: LG유플러스 CSR팀
MBC 홈페이지
http://www.imbc.com
국립중앙도서관 홈페이지
http://www.nl.go.kr
UNWTO ST-EP 홈페이지
http://www.unwtostep.org
도서관정보정책위원회 홈페이지
http://www.clip.go.kr/index.jsp
작은도서관만드는사람들 홈페이지
http://smalllibrary.or.kr
작은도서관 홈페이지
http://www.smalllibrary.org
작은도서관 고맙습니다 작은도서관 캠페인
http://www.nl.go.kr/sml/Submenu5/thank.php
천안시 중앙도서관 홈페이지
http://www.cheonan.go.kr/EgovPageLink.do?link=/lib/index
news1. 박상재. 세계관광기구·스텝재단 '빈곤퇴치 국제 조직' 창립
http://news1.kr/articles/1396811
매일신문. 장성현. "새마을운동, 유엔 추진 빈곤퇴치 프로그램에 딱이죠"
http://www.imaeil.com/sub_news/sub_news_view.php?news_id=56327&yy=2013
뉴스인경기. 전민규. 안산 다문화작은도서관
http://gnews.gg.go.kr/news/news_detail.asp?number=201309021831187055C059&s_code=C059

| 저자약력 |

노영희

[약력]

연세대학교 문헌정보학과 정보학 박사
한국과학기술연구원(KIST) 자료실 연구원
한국정보공학(KIES) 정보검색엔진개발팀 팀장
이화여대 국제정보센터 자료실장
학술상(2009) 및 건국학술대상(2013) 수상
2013 Marquis Who's who in the world에 등재
현) 건국대학교 문헌정보학과 교수
지식콘텐츠연구소 소장

[주요저서 및 논문]

인문과학과 예술의 핵심 지식정보원
한국문헌정보학 교과과정
개념기반 정보검색 기법
메타데이터의 이해
건강정보 지식정보원 시리즈
국제기구 지식정보원 시리즈
A Study on Automatic Text Categorization of Internet Documents
A Study on the Estimation of Performance of Concept-Based Information Retrieval Model Using the Web
기계학습 기반 피드백 과정을 통한 SDI 시스템의 성능향상에 관한 연구
The impact of university library resources on university research achievement outputs
A Study on the Next-Generation Digital Library using Context-Awareness Technology
The Development and Performance Measurements of Educational Programs to Improve Consumer Health Information (CHI) Literacy 외 150여 편 저술

홍현진

[약력]

연세대학교 문과대학 문헌정보학과(학사)
University of Michigan in Ann Arbor 문헌정보학과(석사)
연세대학교 대학원 문헌정보학과(박사)
대우경제연구소 정보자료실 실장
한국도서관협회 기획위원
국립중앙도서관 장서개발위원
문화관광부 문화기반시설 평가위원
교육인적자원부 대학도서관 정책자문위원
문화관광부 국가도서관정책 자문위원
전남대학교 사회과학대학 부학장
한국정보관리학회 편집이사
한국문헌정보학회 교육이사
현) 전남대학교 사회과학대학 문헌정보학과 교수
전남대학교 사회과학연구소 소장

[주요저서 및 논문]

우리나라 공공도서관에 대한 평가지표 연구
웹기반 데이터베이스의 품질평가 기준개발에 관한 연구
국가문헌센터 건립 최적화 연구
A Study on Possible Ways to Improve Policy Information Services and Demand Survey Analysis
도서관의 정보서비스 품질평가 연구에 관한 고찰
정보정책통합서비스시스템 구축모형에 관한 연구
Spational Conditions of a Children's Library Supporting Chilidren's Development: with Priority Given to User Benefit Criteria
국가장서개발정책 기본모형 연구
어린이도서관 프로그램 개발과 운용을 위한 연구
어린이도서관 공간요소의 중요도 평가
학교도서관컨설팅 장학모형 구안 및 평가지표 개발에 관한 연구
문헌정보학의 연구방법론
한국도서관기준
국제기구 지식정보원의 이해와 활용
경제관련 국제기구 지식정보원
인권관련 국제기구 지식정보원
도서관조직의 혁신과 변화논리 외 다수

도서관을 만드는 아름다운 기업들

2014년 6월 5일 1판 1쇄 인쇄
2014년 6월 10일 1판 1쇄 발행

저 자 / 노영희 · 홍현진
발행인 / 이수영
발행처 / 도서출판 청람
서울시 마포구 독막로 288(대흥동, 세양상가 109호)
TEL : 02)3272-2601~2
FAX : 02)3272-2603
E-mail : crbooks@hanmail.net
http://www.crbooks.co.kr
등록 2000.8.26 제6-0509호

ISBN 978-89-5972-402-4 93020 [정가 23,000원]